Vorlage: Kulturareale in Nordamerika nach Alfred Kroeber

Eldon Yellowhorn ◇ Kathy Lowinger

Indigene Menschen aus Nordamerika erzählen

WISSEN UND GESCHICHTEN

Übersetzt von Nina Reuther

CARLSEN

Für Peter Kalman und in Erinnerung an Susan Juhaez und Vecsai Mari
K.L.

Für Eva und alle meine Verwandten
E.Y.

Wir bedanken uns herzlich bei Dr. Nina Reuther (Übersetzung, wissenschaftliche Begleitung und Beratung) und Prof. Dr. Sabine N. Meyer (wissenschaftliche Beratung) für ihre Unterstützung!

Inhalt

Willkommen!

Mit diesem Buch laden wir Dich auf eine kleine Reise zu den indigenen Völkern Nordamerikas ein. Diese deutsche Ausgabe der englischen Originalfassung bietet Dir einen Einblick in diese Welt durch die Worte eines Piikani-Mannes, der in dem sich in Kanada befindenden Teil seines Landes lebt. Es ist eine vielfältige Welt mit sehr unterschiedlichen Lebensweisen und kulturellen Ausdrucksformen. Daher können wir hier nur einen Teil dieser verschiedenen indigenen Gemeinschaften vorstellen. Wir versuchen, Dir einen einzigartigen Einstieg in ihr von ihren Vorfahren überliefertes Wissen und dessen moderne Formen zu ermöglichen. Genau wie die indigenen Völker selbst hat ihr Wissen die Besiedlung, den Landraub und die Unterdrückung durch die Europäer überlebt. Sie glauben, dass alles miteinander verflochten ist: Menschen, Tiere, Pflanzen und Elemente ergänzen und beeinflussen sich gegenseitig. Somit gestalten wir alle gemeinsam unsere Welt. Wir alle gehören gleichberechtigt auf diese Erde. Dieses Wissen kann auf der Suche nach Antworten auf die Herausforderungen unserer Zeit für alle Menschen auf der Welt sehr nützlich sein.

Das indigene Wissen Nordamerikas ist genauso zeitlos wie die indigenen Menschen selbst. Es schöpft aus in der Vergangenheit gesammelten Erfahrungen, um Fragen der Gegenwart zu klären. So können zukünftige Generationen ihr Leben gestalten und ihre Möglichkeiten erweitern. Dieses Wissen ist praktisch, weil Menschen es tagtäglich anwenden, gleichzeitig arbeitet es mit wissenschaftlichen Grundsätzen.

Die indigenen Völker schöpfen – damals wie auch heute – Kraft aus ihrem Wissen und nutzen es, um eine gerechtere Zukunft zu schaffen. In den folgenden Kapiteln wirst Du daher auch viel über ihr heutiges Leben erfahren.

Auf Deinem Streifzug durch dieses Buch wirst Du auf ungewohnte Begriffe und Namen stoßen. Denn viele Bezeichnungen, die wir früher für „angemessen" gehalten haben, werden heute von Indigenen sehr kritisch betrachtet und eigentlich kaum verwendet. Manche dieser Begriffe werden im Text erklärt, andere findest Du im Glossar am Ende des Buches. Dort werden noch weitere Zusammenhänge beleuchtet, die Dir so vielleicht gar nicht bekannt waren. Die Übersichtskarte auf der ersten Seite und die Karten am Anfang jedes Kapitels helfen Dir, die Orte zu finden, die im Verlauf des Buches vorkommen.

Und jetzt wünschen wir Dir viel Spaß auf Deiner Reise!

Eldon Yellowhorn, Vancouver B.C., Kanada
Nina Reuther, Berlingen, Schweiz
Sabine N. Meyer, Bonn, Deutschland

KAPITEL 1

DER RUF DES HIMMELSWOLFS:

Das Geschenk des indigenen Wissens

KARTENLEGENDE:

1. Bella Bella, Heiltsuk First Nation (S. 8)
2. Suquamish, Duwamish (S. 9)
3. Menominee (S. 10, 11)
4. Potawatomi (S. 10)
5. Mesa Verde Pueblo (S. 12)
6. Taos Pueblo (S. 12)
7. Azteken (S. 13)
8. Chaco Canyon Pueblo (S. 13)
9. Inuit (S. 13, 14)
10. Mi'kmaq (S. 13, 14)
11. Blackfoot aus Kanada zu Besuch in Browning, Montana, USA (S. 15)
12. Blackfoot, Waterton Lakes National Park, Alberta, Kanada (S. 17)
13. Blackfoot (S. 18)

1
2
3
4
5
6
7
8
9
10
11
12
13
Die Karte dient der Orientierung und ist nicht maßstabsgetreu angelegt

Schüler der Heiltsuk First Nation des SEAS-Programms der Bella Bella Community School erkunden die Mündung eines nahegelegenen Lachsbachs

DER RUF DES HIMMELSWOLFS: Das Geschenk des indigenen Wissens

Die Vereinigten Staaten erkennen 573 Tribal Nations („Stammesnationen") an und Kanada teilt sein Gebiet mit etwa 600 First Nations („Erste Nationen"). Wir (damit meine ich die indigene Bevölkerung Nordamerikas) leben in unterschiedlichsten Kulturen und sprechen viele Sprachen. Unser eigenes, indigenes Wissen entwickelte sich über Jahrhunderte hinweg durch Ausprobieren, das Sammeln von Erfahrungen und Gedankenblitze von Menschen, die eine lange gemeinsame Geschichte mit der Natur haben. Indigenes Wissen stammt aus vielen verschiedenen Gemeinschaften, doch immer werden folgende Gedanken miteinander verflochten:

Alles ist miteinander verbunden.
Die Welt ist ein Geschenk.
Das Heilige ist ein wesentlicher Teil des Wissens.
Wir lernen ständig dazu.

Wie werden diese Gedanken oder Grundsätze zu Taten?

Die Menschheit hat das Netz des Lebens nicht gewoben.
Wir sind nur ein Faden innerhalb des Netzes.
Was auch immer wir dem Netz antun, tun wir uns selbst an.
Alle Dingen sind miteinander verbunden.
Alle Dinge verbinden sich.

vermutlich von Chief Seattle, Chief der Suquamish und Duwamish, Washington State, 1786–1866

Alles ist miteinander verbunden

Alles ist miteinander verbunden: Pflanzen wachsen aus dem Boden und unterstützen alle Geschöpfe, egal ob Zweibeiner oder Vierbeiner, ob sie Flügel haben oder auf dem Boden kriechen. Sie sind alle im Netz des Lebens miteinander verflochten.

Wir wollen einen der unzählbaren Verbindungsfäden nachverfolgen – den, der Pekannüsse und Eichhörnchen miteinander verbindet. Eichhörnchen lieben Pekannüsse, obwohl diese sehr harte Schalen haben. Die Nüsse sind sehr nahrhaft, sie sind reich an Proteinen, Fetten und Vitaminen und obendrein sind sie ein perfektes Winterfutter für hungrige Eichhörnchen. In manchen Jahren wachsen an den Pekannussbäumen sehr viele Nüsse, in anderen nur wenige. Würde ein Eichhörnchen lange genug auf einem Ast im Baum verharren, um durch die harte Pekannussschale zu nagen, wäre es eine leichte Beute für einen Habicht. Doch wenn das Eichhörnchen die Pekannüsse im Nest lagert, weichen die Schalen auf und es kann sich gefahrlos von ihnen in seinem Nest ernähren.

Die Pekannüsse helfen den Eichhörnchen und die Eichhörnchen helfen durch das Sammeln und Lagern der Nüsse den Pekannussbäumen. Denn würde aus jeder Nuss ein neuer Baum wachsen, würden diese einander bedrängen und kaum einer könnte überleben. Doch für die Pekannüsse, die auf dem Boden bleiben, nachdem die Eichhörnchen aufgesammelt haben, was sie brauchen, bleibt genug Platz, um zu neuen, gesunden Bäumen heranzuwachsen, die dann wieder Pekannüsse hervorbringen. Am Beispiel dieses einzelnen Fadens können wir sehen, dass das Wohlergehen der Bäume mit dem des Waldes und der Eichhörnchen verknüpft ist.

Jedes Jahr treffen sich die Potawatomi, um gemeinsam ihr kulturelles Erbe zu feiern (*Potawatomi Gathering*). Das Treffen wird reihum jeweils von einer der neun Potawatomi-*Bands* veranstaltet

Diese Welt ist ein großes Geschenk

Die Potawatomi leben in den Prärien, am oberen Mississippi-Fluss und an den westlichen Großen Seen. Sie nennen ihr Land *Emingoyak*, was in ihrer Sprache „das, was uns gegeben wurde" bedeutet. Indigenes Wissen lehrt uns, dass die Welt ein Geschenk ist.

Du weißt, was zu tun ist, wenn Dir jemand ein Geschenk gibt. Du sagst „Danke". Du kümmerst Dich ganz besonders aufmerksam darum. Und dann kommt für Dich der Moment, ein Gegengeschenk zu machen. So sollten wir uns auch verhalten, wenn wir von der Erde ein Geschenk erhalten: uns bedanken, es mit Sorgfalt behandeln und der Erde etwas zurückgeben. Mit dieser Überzeugung bewahren die Menominee ihren Wald.

Die Ländereien der Menominee Nation erstreckten sich früher über etwa 40.000 Quadratkilometer, das Gebiet liegt im heutigen Wisconsin und nördlichen Michigan. Inzwischen leben die Menominee auf einer 951 Quadratkilometer großen Reservation im Nordosten von Wisconsin. Im Herzen der Reservation gibt es einen Wald. 1854 kauften die Menominee eine kleine Sägemühle, um Holz fällen und verarbeiten zu können.

Die Menominee pflegen den Wald gut. Manchen Bäumen erlauben sie, ihre volle Reife zu erreichen, bevor sie sie für die Sägemühle fällen. Andere Bäume werden nie gefällt, sodass manche Bestände, zum Beispiel Weymouthskiefern und Zuckerahorn, zu alten Bäumen heranwachsen konnten. Manche der Weymouthskiefern sind über zwei Jahrhunderte alt und manche Schierlingstannen sogar noch älter. Die Menominee sorgen dafür, dass der Wald vielfältig und artenreich ist. Mindestens dreißig verschiedene Baumarten wachsen dort, darunter Weymouthskiefern, Schierlingskiefern, Kanadische Eiben, Zuckerahorn, Zitterpappeln, Eichen und Nordamerikanische Walnussbäume. Und die Menominee fällen nur so viele Bäume wie nötig, damit auch die zukünftigen Generationen immer ausreichende Holzvorräte haben.

Dadurch, dass sie die Bäume pflegen, kümmern die Menominee sich gleichzeitig auch um die Tiere und die Wasserläufe. Zahlreiche Arten, darunter Bären, Otter und Vögel, tummeln und entfalten sich in ihrer Waldheimat.

Das Ergebnis: Der Wald versorgt die Menominee mit einem Einkommen und da die Menominee sich um den Wald kümmern, beherbergt dieser jetzt mehr Bäume als zu dem Zeitpunkt, an dem die Sägemühle in Betrieb genommen wurde. Und der Wald gedeiht weiter, sodass er den nächsten sieben Generationen ebenfalls zugutekommen wird.

Die Holzfäller benutzen nachhaltige Abbaumethoden, um den Wald zu bewahren. Menominee Tribal Enterprises arbeitet sorgfältig und rücksichtsvoll, um den Wald umweltverträglich zu bewirtschaften

Die Bedeutung des Heiligen

Wenn wir Blackfoot das Wort *naato* sagen, meinen wir „gesegnet" („*sacred*") oder „heilig" („*holy*"). Wir benutzen Wörter wie „spirituell" („*spiritual*") oder „gesegnet" („*sacred*"), um unseren Glauben an eine mächtige Kraft auszudrücken, die weitaus größer ist als wir.

DAS SIEBEN-GENERATIONEN-PRINZIP

Das Sieben-Generationen-Prinzip bedeutet, daran zu denken, wie unser Handeln sich auf zukünftige Generationen auswirkt.

Cliff Palace, im *Mesa Verde National Park* gelegen, wurde vor rund tausend Jahren erbaut und ist die größte Felsbehausung in Nordamerika

Das Heilige ist mit jeglicher Art indigenen Wissens verflochten, selbst mit unseren Häusern. Zum Beispiel müssen die Türen unserer Tipis immer nach Osten blicken, damit wir die aufgehende Sonne mit unseren Gebeten begrüßen können. Es gibt jedoch auch einen ganz praktischen Grund dafür: Unsere Tipis schützen uns vor den vor allem aus dem Westen kommenden Winden.

Im Südwesten haben die Ingenieure, Architekten und Handwerker vor rund tausend Jahren sogenannte Pueblo-Häuser mit vier bis fünf Etagen gebaut, in denen Tausende Menschen lebten – die ersten Apartmenthäuser der Welt! Sie bauten auch runde, unterirdische Gebäude, Kivas genannt, in denen sie religiöse Zeremonien abhielten. Diese Gebäude waren so gut konstruiert, dass die Menschen in Taos Pueblo heute noch in ihnen wohnen.

Die Bewohnerinnen und Bewohner erreichten die verschiedenen Etagen ihrer Wohnhäuser und die Kivas über Holzleitern und mit Hilfe von Seilen. Die Leitern wurden aus Kiefern- und Fichtenholz hergestellt, das aus Hunderten von Kilometern Entfernung herbeigebracht wurde. Da es schwierig war, in den Wüsten des Südwestens an Holz zu kommen, mussten die Menschen weit reisen, um es fällen zu können. Und anschließend mussten sie es auch noch nach Hause bringen. Manchmal ersparten sich die Menschen diese Arbeit, indem sie das Holz durch Handel erstanden.

Der Grund für diese Mühe war die spirituelle Bedeutung der Leitern. Die mündliche Überlieferung lehrte die Menschen, dass sie vor langer Zeit aus der Unterwelt in die heutige Welt aufgestiegen waren, indem sie ein Schilfrohr oder einen gekerbten Holzpfahl hinaufgeklettert waren. Wenn sie in ihren Häusern auf den Leitern von einer Etage in die nächste kletterten, waren sie symbolisch mit dem gesegneten Weg verbunden, auf dem ihre Vorfahren aus der Erde hinausgeklettert waren.

Blackfoot-Tipis in Alberta, Kanada

Wir lernen ständig dazu

Indigenes Wissen entwickelt sich immerzu weiter und passt sich an. Seit jeher nehmen wir neue Ideen auf und „wandeln sie um". Die Mi'kmaq nennen diesen Vorgang *Etuapmumk* oder „mit zwei Augen sehen".

Diese aztekische Statue wurde im 15. oder 16. Jahrhundert aus Vulkanstein mit Spuren von roten Farbteilchen gefertigt. Sie zeigt einen Mann, der eine Kakaoschote trägt

IDEEN ANPASSEN

Schokolade ist ein köstliches Beispiel dafür, wie Ideen aufgenommen und angepasst wurden.

Die Kakaobäume stammen aus den Gebieten entlang des Amazonas und des Orinoco, zweier Flüsse in Südamerika. Die dortigen Anwohner sammelten Kakaoschoten, aßen das süße Fruchtfleisch und warfen dann die Samen oder Bohnen fort. Vor ungefähr fünftausend Jahren führten die Bewohnerinnen und Bewohner der Yucatán-Halbinsel die Kakaobäume bei sich ein. Sie sammelten die *kakawa*-Bohnen, also die Kakaobohnen, trockneten sie in der Sonne, um sie dann zu rösten. Die gerösteten Bohnen zermahlten sie zu einer dunklen Masse, aus der sie kleine Fladen formten. Damit diese nicht so bitter schmeckten, mischten sie Honig, Vanille oder Chili-Schoten darunter. Das Ergebnis? Sehr lecker. Und sie erfanden auch ein Getränk, das alle liebten: Kakao. Geschäumt war der am besten. Um möglichst viel Schaum zu erzeugen, stellten sie sich auf etwas Hohes und gossen den Kakao von dort in ein Gefäß.

Die Vorliebe für Schokolade verbreitete sich schnell entlang der Handelsrouten in Richtung Norden. Vor tausend Jahren genossen auch bereits die Menschen der Pueblos von Mesa Grande und Chaco Canyon Schokolade, obwohl sie 4800 Kilometer nördlich der nächsten Schokoladenplantage lebten.

IDEEN UMWANDELN

Indigenes Wissen ist formbar – wir wandeln Erkenntnisse und Lösungen um, wenn sich unsere Bedürfnisse verändern. Im hohen Norden nutzten die Inuit über Jahrhunderte hinweg ein *qulliq*, das ist eine Art Öllampe aus Speckstein, die mit Tieröl befeuert wurde und mit einem Docht aus arktischer Baumwolle und Moos bestückt war. Ein brennendes *qulliq* konnte das Heim beleuchten, Kleidung trocknen und zum Kochen dienen. Für all das benötigen Inuit heutzutage kein *qulliq* mehr, dennoch haben sie es nicht vergessen. Heute wird das *qulliq* als Lehrmittel und zu Zeremonien genutzt und wurde so für die Menschen zu einem heiligen Symbol ihrer Identität.

Eine Inuit zündet ein qulliq an, um Besucher des hohen Nordens zu begrüßen. Das qulliq steht für die Kraft, die Fürsorge und die Liebe der Inuitfrauen. Durch die Flamme verkörpert es außerdem das Licht und die Wärme. Ein Ehemann überreicht seiner Frau ein qulliq als Geschenk – dadurch wird sie zur Hüterin der Flamme

ETUAPMUMK, MIT ZWEI AUGEN SEHEN

Etuapmumk bedeutet in der Sprache der Mi'kmaq „mit zwei Augen sehen": Das eine Auge sieht mit der Kraft des indigenen Wissens und das andere Auge betrachtet die wissenschaftliche Weltanschauung. *Etuapmumk* heißt, zum Wohle aller mit beiden Augen gleichzeitig schauen zu lernen. Der Mi'kmaw-Älteste Albert Marshall beschreibt diese Methode so: „Wenn wir indigene Wissenschaft mit westlicher Wissenschaft verflechten, erkennen wir beides als rechtmäßige Wissensformen an. Je mehr etwas gemeinsam genutzt wird, desto wertvoller wird es."

Nur ein Beispiel: Die Arktis wird als eine der ersten Regionen die volle Auswirkung des Klimawandels erfahren. Die dort lebenden Inuit haben aufgezeichnet, wie sich das Meereis bereits verändert hat. Sie beobachteten, wie Tiere, Vögel und Fische ihre Wanderwege anpassten. Dieses wertvolle Wissen teilten sie mit Forscherinnen und Forschern, um zu zeigen, wie sich die Erwärmung auf ihre Lebensbedingungen auswirkt.

Der Mi'kmaw-Älteste Albert Marshall

ÄLTESTE UND WISSENSHÜTER

Der Titel „Älteste" oder „Ältester" bedeutet nicht unbedingt, dass jemand alt ist. Die Gemeinschaft erteilt ihn einer Person wegen ihres spirituellen und kulturellen Wissens. Wissenshüter sind Personen, die von einer Ältesten oder einem Ältesten oder von einem älteren Wissenshüter oder einer Wissenshüterin ihrer Gemeinschaft ausgebildet wurden. Eine solche Person erhält und pflegt die traditionellen Weisen und teilt zur rechten Zeit ihr Wissen mit den anderen.

Der Inuk Tatigat knallt mit seiner Peitsche, um sein Hundeteam auf dem Weg über das Eis in der Nähe von Igloolik, Nunavut, zu ermutigen

DER RUF DES HIMMELSWOLFS

Indigenes Wissen wird in unseren Geschichten, den Lehren unserer Ältesten und Wissenhüterinnen und Wissenshüter sowie in unseren Bräuchen festgehalten. Und auch in unseren eigenen, persönlichen Erfahrungen und Beobachtungen. Von allem wirst Du Beispiele in diesem Buch finden.

Damit wir uns an sie erinnern können, sind unsere Geschichten witzig, ernsthaft, unheimlich und unterhaltend.

In den Prärien handeln viele unserer Geschichten von einem freundlichen Kulturhelden namens Naapi, der manchmal als Unruhestifter, manchmal als Schelm oder manchmal auch als Dummkopf auftritt. Er erschuf eine neue Welt für uns, aber unsere frühen Vorfahren befolgten seine Lektionen nicht immer. Wie lernten sie, in der Welt zu leben? Als Naapi nicht mehr da war, kam ein Wolfsrudel vom Himmelsland herunter. Deren Geschenk war das Wissen, das uns lehrte, gemeinsam auf der Erde zu leben. Das hier ist ihre Geschichte.

GESCHICHTEN

Jede Nation hat ihre eigenen Geschichten und das Recht, sie zu verwenden. Sie können nur mit der Erlaubnis der jeweiligen Nation wiedergegeben werden. Die traditionellen Geschichten, die Du hier findest, stammen aus meinem Piikani-Kulturerbe.

Blackfoot (aus Kanada) in traditionellen Gewändern singen, begleitet von Handtrommeln, überlieferte Lieder. Browning, Montana, USA

Schöpfungsgeschichte der Blackfoot

Vor langer Zeit bildeten der Himmel und die Erde einen einzigen Ort.
Die Menschen und das Sternenvolk lebten nebeneinander.
Dann töteten einige Menschenkinder einen Sternenjungen. Sonne und das Sternenvolk beschlossen, dass sie den Menschen nicht mehr trauen konnten. Sie lösten den Himmel von der Erde und schickten einen heftigen Sturm, um die Welt mit einer Flut zu zerstören.
Naapi war ein Sternenmann, der die Menschen, mit denen er sich angefreundet hatte, liebte. Obwohl er sich sehr bemühte, konnte er die Menschen jedoch nicht retten. Nur knapp schaffte er es, sich selbst in Sicherheit zu bringen, indem er auf einen hohen Gipfel kletterte. Eilig baute er aus ein paar Baumstämmen, die er dort fand, ein Floß. Während er auf seinem Floß dahintrieb, stießen manche seiner Tierfreunde zu ihm.
Naapi überlebte die Flut, doch dem Sternenvolk in seinem Himmelsland wollte er sich nicht wieder anschließen. Sonne, der Anführer des Sternenvolks, gab Naapi die Schöpfungskraft.
Damit erschuf Naapi eine neue Welt und ließ die Menschen auf ihr leben. Er gab den Menschen die Sprache und die Fähigkeit, sich auszudrücken. Er lehrte sie, Nahrungsmittel zu sammeln. Er lehrte sie, Häuser zu bauen.
Als Naapi sich sicher war, dass seine Menschen selbstständig leben konnten, sagte er ihnen, dass er gehen würde, um die Welt, die er erschaffen hatte, zu betrachten. Seine Menschen beteuerten, dass sie sich von nun an um sich selbst kümmern könnten.
Aber kurz nachdem Naapi fort war, begannen Unruhen. Die Menschen jagten nicht gemeinsam und so war ihre Jagd erfolglos und sie hatten nichts zu essen. Die Kinder weinten vor Hunger. Ohne die Häute der Tiere konnten die Menschen weder Kleidung nähen noch Tipis anfertigen. Tag für Tag wurde ihr Kummer größer. Sie wünschten, Naapi käme zu ihnen zurück.
Oben im Himmelsland lebte ein Wolfsrudel. Die Wölfe kannten Naapi aus der Zeit, in der Himmel und Erde noch eins gewesen waren. Die Wölfe sahen, dass Naapis Menschen in Not waren, und reisten in Naapis Welt, um zu helfen.
Die Himmelswölfe lebten gemeinsam mit Naapis Menschen. Sie zeigten ihnen, wie sie bei der Jagd zusammenarbeiten können. Sie lehrten sie, gute Eltern für ihre Kinder zu sein. Sie lehrten sie, wie sie ein gutes Leben führen können.
Als sich die Himmelswölfe sicher waren, dass die Menschen nun selbstständig leben konnten, bereiteten sie sich darauf vor, in den Himmel zurückzukehren.

Der „große Einzug“ in komplettem Tanzgewand beim *Blackfoot Arts & Heritage Festival Powwow* in *Waterton Lakes National Park*, Alberta, Kanada

Doch bevor sie auf ihrem Wolfsweg zurück ins Himmelsland reisten, hatten sie ein letztes Geschenk für die Menschen. Sie überließen ihnen die Gabe des Singens. Gemeinsam zu singen lehrte die Menschen, die Gesellschaft von Besuchern zu genießen. Sie lernten, gemeinsam zu tanzen – Tanzen fördert Freundschaft.

Wenn sie ihre Trommeln hervorholen, um zu singen, erinnern sich die Blackfoot bis heute an dieses Geschenk. Sie laden alte und neue Freunde ein, sie in ihren Powwows zu begleiten, und sie erinnern sich an die Lehren der Himmelswölfe.

In der Tradition der Blackfoot entstammt indigenes Wissen den Lektionen der Himmelswölfe. Heute besteht unsere Aufgabe darin, diese Kenntnisse in Handlungen umzuwandeln. Wir beginnen in diesem Buch mit dem Wasser. Die Lakota aus North und South Dakota haben eine Redensart, die besagt: „Wasser ist Leben."

Sternenhimmel in Alberta, Kanada

KAPITEL 2

WAS WIR ÜBER WASSER WISSEN

KARTENLEGENDE:

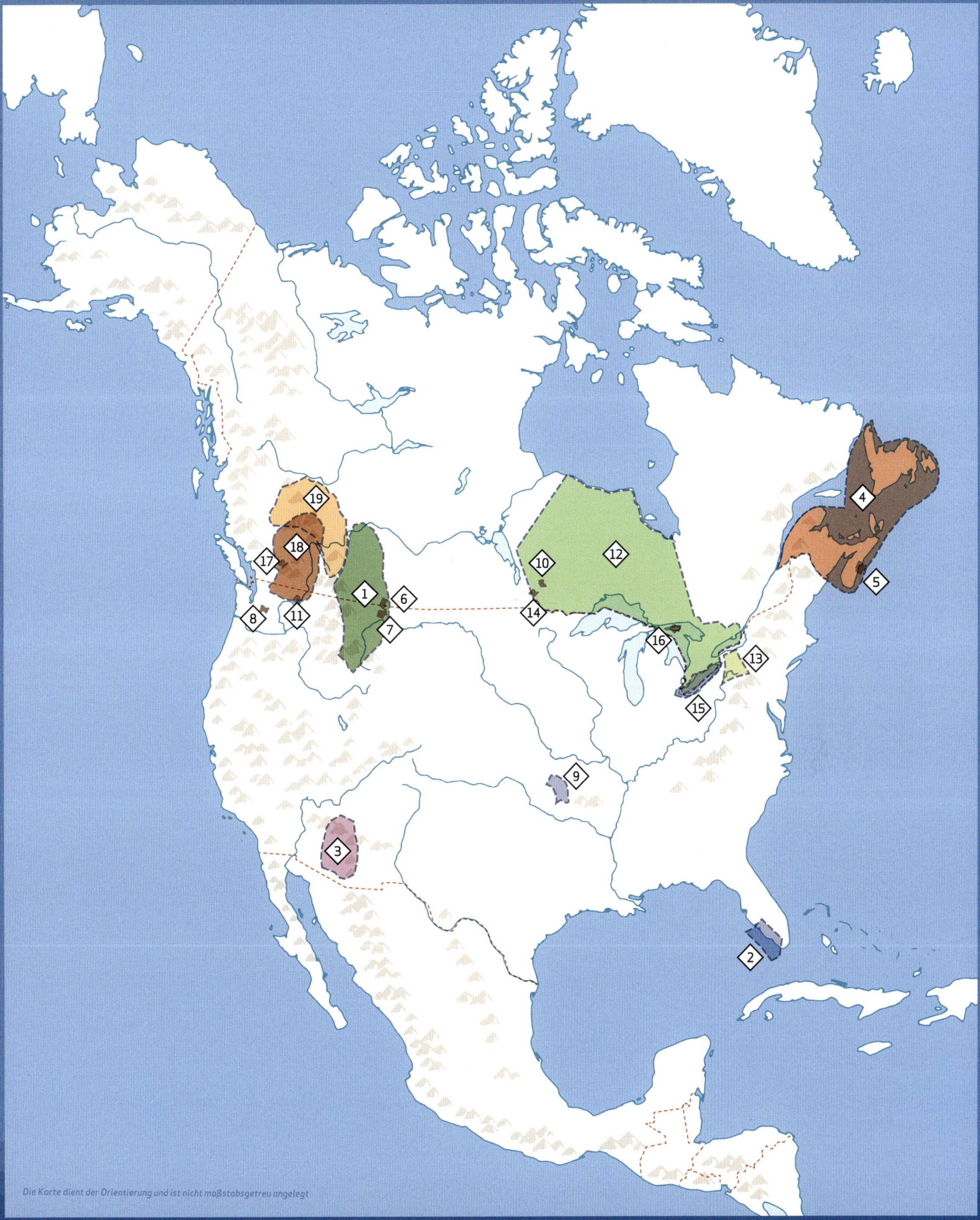
1
2
3
4
5
6
7
8
9
10
11
12
13
14
15
16
17
18
19
Die Karte dient der Orientierung und ist nicht maßstabsgetreu angelegt

Alle Lebewesen brauchen Wasser, dadurch sind sie miteinander verbunden. In trockenen Gebieten können Samen jahrelang schlummern, bis ein Sturm endlich Regen bringt. Vom Regenwasser aufgeweckt, beginnen die Pflanzen zu blühen. Kein Tier kann ohne Wasser überleben. Der menschliche Körper besteht zu ungefähr 60 % aus Wasser. Obwohl Menschen wochenlang ohne Essen auskommen, würden die meisten von uns ohne Wasser wohl nach drei Tagen sterben. Wasser ist so mächtig, dass Flüsse und Ozeane Schluchten bilden und Berge aushöhlen. Wasser gehört zu den Kräften, die die Gestalt der Erde formen.

HEILIGES WASSER

Meine Vorfahren in den Prärien glaubten, dass es drei verschiedene heilige Umgebungen gäbe: die Erde, den Himmel und das Wasser. Wasser war knapp und verdiente daher besondere Beachtung. Es ist heilig, da es die Heimat der göttlichen Wesen ist, die die Menschen lehrten, wie sie das Wasser schützen sollen. Traditionell töteten und aßen die Piikani keine Wasserlebewesen. Auch heute wehren wir uns noch gegen Staudämme, die den Lauf der Flüsse stören, oder gegen Pipelines, die sie verschmutzen könnten.

Die Geschichte von Biber beschreibt, wie Wasser, Menschen und Biber miteinander verbunden sind.

Biberdamm in der Nähe von Hinton, Alberta, Kanada

Die Lektion des Bibers

Nachdem das Sternenvolk den Himmel von der Erde getrennt und einen Sturm zur Erde gesandt hatte, um diese zu ertränken, lud Sonne Naapi ein, sich dem restlichen Sternenvolk im Himmelsland anzuschließen. Doch Naapi lehnte ab. Also gab Sonne Naapi die Macht, die Erde neu zu gestalten.

Naapi sagte seinen Tierfreunden auf dem Floß, dass er Schlamm aus der alten Welt brauche, um eine neue Welt zu gestalten. Die Tiere erklärten sich damit einverstanden, zu tauchen und Schlamm heraufzuholen.

Bisamratte tauchte als Erste, aber sie kam nicht tief genug und konnte keinen Schlamm finden. Eistaucher versuchte es als Nächster, gefolgt von Otter, aber das Wasser war für sie alle zu tief. Zuletzt war Biber an der Reihe. Er war lange, lange fort – so lange, dass er ertrank. Als sein Körper an die Oberfläche stieg, zogen ihn Naapi und die anderen Tiere auf das Floß. In seinen Pfoten hielt er einen Schlammklumpen. Naapi erweckte Biber wieder zum Leben, indem er seine Atemluft mit ihm teilte. Dann nahm er den Schlamm, rollte ihn in seinen Handflächen und warf ihn zurück ins Wasser. Der Schlamm versank nicht – er blieb an der Oberfläche und wurde größer und größer, bis Naapi und die Tiere festen Boden betreten konnten. So wurde das Land geschaffen. Dankbar erklärte Naapi Biber zum Chief des Wasservolks und gab ihm die Macht, das Wasser zu lenken.

Der Biber lebt sowohl im Wasser als auch an Land und erinnert uns daran, dass beides miteinander verbunden ist. Die Geschichte zeigt uns auch, dass Tiere und Menschen Teil desselben Kreislaufes sind. Wenn wir uns um das Wasser kümmern, kümmern wir uns gleichzeitig um uns selbst und um unsere tierischen Verwandten.

Und schließlich vermittelt uns die Geschichte eine praktische Erkenntnis – und zwar, wie kostbares frisches Wasser in Trockengebieten erhalten werden kann. Durch die Dämme, die Biber an Bächen und Flüssen bauen, erschaffen sie neue Lebensräume, die sich dann zahlreiche Pflanzen und Tiere wie etwa Bisamratten, Otter und Wasservögel teilen und dort gemeinsam gedeihen.

ANGEWANDTES WASSERWISSEN

Indigene Völker nutzen ihr Wasserwissen auf vielfältige Weise. Die Hohokam im trockenen Südwesten fanden Wege, ihre Pflanzen zu bewässern. An der Nordostküste in Nova Scotia gab das Wasserwissen den Mi'kmaq die Fähigkeit, große Entfernungen über Wasserwege zurückzulegen. In Florida erhielten die Calusa Nahrung aus dem Wasser, es gestaltete ihre Häuserarchitektur und beeinflusste die Kämpfe, die sie ausfochten.

Die Kanäle der Hohokam

Einige herausragende Beispiele zu uraltem Wasserwissen stammen aus der Wüste im Südwesten. Zwischen 300 und 750 unserer Zeitrechnung begannen die Hohokam, Mais und andere Pflanzen in den Schwemmgebieten der Flüsse Gila und Salt anzubauen, aber jahreszeitbedingte Überschwemmungen zerstörten immer wieder ihre Ernte. Das restliche Jahr war es trocken. Sie lösten das Problem, indem sie ein insgesamt 1100 Kilometer langes System von Bewässerungskanälen bauten, um das Wasser von den Flüssen auf ihre Felder zu leiten. Diese Kanäle waren so gut gebaut, dass sie von den Siedlern, die sich Mitte des 19. Jahrhunderts im heutigen Phoenix, Arizona, niederließen, repariert und zur Bewässerung ihrer eigenen Felder genutzt wurden. Bis heute sind die alten Kanäle Teil des städtischen Wassermanagements.

Die Kanäle der Hohokam entstanden durch die harte Arbeit von erfahrenen Ingenieuren und von den Leuten, die das mühsame Graben mit einfachen Holzstöcken erledigten. Es war eine ungeheure Anstrengung, sie zu bauen: Selbst für einen schmalen Kanal brauchte es

rund 25.000 Stunden Arbeit. Viele der Kanäle waren zwischen 13 und 19 Kilometer lang.

Es gab mindestens siebzehn Bewässerungsgemeinden, die jeweils aus mehreren Hohokam-Dörfern bestanden. Die Menschen bauten und reparierten die Kanäle und sorgten dafür, dass das Wasser gerecht verteilt wurde. Durch das Abzweigen des Wassers von den Flüssen gelangten Fische in die Kanäle. So konnten die Hohokam ihre vor allem aus Mais, Bohnen und Kürbis bestehenden Mahlzeiten mit den gefangenen Fischen um eine eine wichtige Eiweißquelle bereichern.

Die Wasserwege der Mi'kmaq

Kanu aus Birkenrinde, hergestellt von Mi'kmaq in Nova Scotia, Kanada

Die Mi'kmaq leben an der nordamerikanischen Atlantikküste. Die Lebensweise derjenigen unter ihnen, die in Nova Scotia lebten, war eng mit der Meeresküste verbunden, da der Großteil ihrer Nahrung aus dem Meer stammte. Sie bauten seetüchtige Kanus, um Lachs zu fischen und Hummer zu fangen, und andere, um die Seen und die sich quer durchs Land schlängelnden Flüsse zu bereisen. Jeder Fluss war die Heimat einer Gemeinde mit ihren eigenen Fachmännern und -frauen für Medizin, Handwerk, den Kanubau und die Fischerei.

In Nova Scotia fließen die gezeitenabhängigen Flüsse in alle Richtungen, da die Provinz fast vollständig von Meeresküste umgeben ist. Bei Flut strömt das Wasser der Flüsse ins Binnenland, wechselt dann mit der Ebbe die Richtung und fließt zurück zum Meer. Die Mi'kmaq kannten die Gezeiten so gut, dass sie anhand der Flussrichtung sahen, wie weit sie gerade vom Meer entfernt waren. Dieses Wissen nutzten sie, um ihre Reisen zu planen. Gegen den Strom zu paddeln ist schwierig und sehr anstrengend. Daher reisten sie so, dass sie die Strömung mittrug, denn dann war das Paddeln einfach und die Reise ging schnell.

Museumsdirektor ROGER LEWIS, Mi'kmaw, Sipekne'katik, Shubenacadie

Roger Lewis ist der Direktor für das Mi'kmaq-Kulturerbe am Nova Scotia Museum. Er arbeitet mit Mi'kmaq-Künstlern und -Künstlerinnen und den „lebendigen Gegenständen", die sie erschaffen: „Es ist wichtig, immer daran zu denken, dass in ihnen die Seele der Künstlerin oder des Künstlers atmet, wodurch sie zu mehr als einem einfachen Kunstwerk werden." Roger ist auch ein erfahrener Kanufahrer, der die alten Wasserwege kennt und der sein Wissen über die Flüsse an die nächste Generation weitergibt.

Die Wasserwelt der Calusa

Die Calusa lebten umgeben von Wasser – vom Meer und von Binnengewässern – im heutigen Florida. Das Wasser versorgte sie mit Fisch und Schalentieren zum Essen, beeinflusste ihren Hausbau und die Art, wie sie sich vor Feinden schützten, vor allem vor den Spaniern. Die Calusa fertigten ihre Einbäume aus ausgehöhlten Zypressenstämmen. Mit Hilfe eines eingebauten Mastes und aus Palmwedeln gewebten Segeln schafften sie es bis nach Kuba, um dort Handel zu treiben. Außerdem schipperten sie die Küste entlang, auf der Suche nach schiffbrüchigen spanischen Galeeren, die sie bergen konnten. Manchmal griffen sie sogar spanische Schiffe direkt an.

Zypressensumpf in den Everglades von Florida

EIN CALUSA-SEEMANN

Der Tag ist da! Du reibst dir die Augen während Du Dich aufsetzt. Du kannst das Meer sehen. Das Haus hat keine Wände und steht auf Pfählen, sodass es, auch wenn es stürmt – und das tut es häufig – nicht von den Wellen weggespült werden kann. Schönes Wetter bedeutet, dass es ein guter Tag zum Segeln ist.
Du schließt Dich den Männern am Ufer an. Du versuchst, mutig auszusehen. Dein Bruder beruhigt Dich. „Du hast uns oft genug zugesehen. Jetzt bist du so weit, dass du uns helfen kannst." Er zeigt Dir, wie Du die Waren – große Bündel mit Muscheln – aufladen musst, damit sie nicht verrutschen. Heute wirst Du lernen, wie Du den Mast befestigst und das Boot belädst. Es ist harte Arbeit, doch Du bist stolz darauf, an Bord zu sein.
Endlich ist alles verstaut. Die Leute am Ufer schieben den Einbaum vom Strand ins Wasser. Sofort folgt er dem Auf und Ab der Wellen. Als die Gischt in dein Gesicht spritzt, lachst Du laut auf. Eine Delfinschule erscheint neben Euch. Sie werden Euch auf dem gesamten Weg begleiten.

DAS GESCHENK SCHÜTZEN: Wenn dem Wasser Schaden zugefügt wird

Wir arbeiten seit Langem auf verschiedenste Weisen daran, unser Wasser und den mit ihm verbundenen Lebenskreis zu beschützen.

Das Recht auf Wasser

Schon seit sehr vielen Jahren müssen indigene Völker um ihren Zugang zu Wasser kämpfen. Indigene Menschen, die entlag des Milk River in Montana lebten, wurden 1888 in die Fort Belknap Indian Reservation gezwungen, als amerikanische Siedlerinnen und Siedler begannen, in ihr Territorium einzudringen. Die neuen Rancher und Farmer brauchten für ihre Rinder und Plantagen große Mengen an Wasser. Dafür leiteten leiteten sie das Flusswasser zu ihren Ranchen und Häusern um. Bald erreichte nur noch wenig Wasser aus dem Milk River die A'aninin und Nakota in Fort Belknap.

Die A'aninin und die Nakota wurden also erst in eine Reservation gezwungen und dann wurde ihnen auch noch das Wasser genommen. Dieses Unrecht führte zu einem wichtigen Gerichtsverfahren. Das Gericht entschied, dass die Menschen in der Reservation ein Recht auf das Wasser vom Milk River haben, da sie das Wasser bereits nutzten, bevor die Siedler kamen. Dies war ein wichtiges Urteil, aber die Regierung hat nicht immer entsprechend reagiert, wenn das Gesetz gebrochen wurde. Indigene Völker sind schon oft vor Gericht gewesen, um unsere Wasserrechte zu verteidigen.

Milk River an der Grenze zwischen Montana und Alberta

Wasserbringerin **WILMA MANKILLER**, Oklahoma Cherokee, 1945–2010

1981 war Bell, Oklahoma, eine kleine Gemeinde mit großen Problemen: Die Zahl der Arbeitslosen war hoch, viele Menschen hatten Probleme mit Alkohol- und Drogenmissbrauch. Wilma Mankiller war damals die Direktorin der Abteilung für kommunale Entwicklung der Nation der Cherokee. Sie fuhr nach Bell und veranstaltete ein Treffen, weil sie wissen wollte, was die Bewohnerinnen und Bewohner sich am meisten für ihre Gemeinde wünschten. Die Menschen waren aber so entmutigt, dass kaum jemand erschien. Daraufhin begann Wilma, die Leute immer wieder an den Cherokee-Grundsatz gadugi, „zusammen für die Gemeinschaft arbeiten", zu erinnern. Wilma fand heraus, dass die Menschen sich fließendes Wasser wünschten. Also schmiedete sie zusammen mit der Gemeinde einen Plan: Sie würden Geld vom Staat brauchen, um die nötigen Gerätschaften einzukaufen, damit die Bewohnerinnen und Bewohner die Wasserleitungen dann selber legen konnten. Sie sprengten Felsen, hoben Gräben aus und verlegten schließlich 26 Kilometer Wasserleitungen. Das Ergebnis: sauberes Trinkwasser und Sanitäranlagen in den Häusern. Und ein neuentfachter Geist des gadugi. Wilma Mankiller wurde zur ersten Chief der Nation der Cherokee. Als sie 2010 starb, entfachten indigene Chiefs aus dreiundzwanzig Ländern Feuer, um ihren Weg nach Hause zu beleuchten.

Wenn Wasser gestaut wird

In den 1930er Jahren begann die Regierung der Vereinigten Staaten, zahlreiche Staudämme zu bauen. Gründe dafür waren der wachsende Bedarf an elektrischem Strom (rund ein Drittel der Bevölkerung hatte noch keinen), die Notwendigkeit, Jobs zu schaffen, da die Arbeitslosigkeit hoch war, und die Angst vor Überschwemmungen. Jeder Staudamm brachte vielen Jobs und elektrischen Strom, aber oft hatten wir indigene Völker große Nachteile davon. Die Staudämme überfluteten das Land, zerstörten alte Wasserwege und überschwemmten die Gräber unserer Vorfahren.

Die Staudämme waren auch für andere Lebewesen verheerend. 1811 beobachtete der Pelzhändler und Kartograph David Thompson die Erster-Lachs-Zeremonie („*first-salmon ceremony*") am Kettle Creek im Staate Washington. Er schrieb, dass die Gewässer vor Fisch nur so strotzten.

Erst als die Lachswanderung bereits eine Weile im Gange war, wurde mit dem Fischen begonnen. Ein einzelner Fischer holte mit einem Speer eine begrenzte Anzahl von Lachsen aus den Wasser. Doch bereits 1940 war diese Erster-Lachs-Zeremonie nur noch eine Erinnerung: Durch den Bau des Grand-Coulee-Staudamms wurde der Verlauf des Flusses Columbia geändert. Nun schafften es die meisten Lachse nicht zurück in ihre Bäche zum Laichen. Bald gab es dort keinen Lachs mehr.

Im Haus von Norm Moonias in Neskantaga First Nation (Nordwest Ontario, Kanada) wohnen neun Menschen. Mit neun Kanistern macht er sich auf den Weg, um sauberes Wasser zu besorgen. Das bekommt er nur im Wasserbecken des Reservats, denn die Menschen der Gemeinde haben seit mehr als zwanzig Jahren in ihren Häusern keinen Zugang zu sauberem Wasser. Das Foto entstand am 20. August 2019

Kein Trinkwasser!

Kanada hat weltweit den drittgrößten Vorrat an Frischwasser pro Person. Dennoch sind für zu viele indigene Bewohner entlegener Gemeinden Wasserwarnungen an der Tagesordnung. Das bedeutet, dass ihr Wasser nicht gesund und sauber ist. Grassy Narrows ist eine Anishinaabe-Gemeinde im Nordwesten Ontarios. Dort gibt es seit fünfzig Jahren eine Wasserwarnung.

Wasserheld GEORGE HERON, Seneca, 1919–2011

Der erste Kampf gegen Staudämme fand auf dem Gebiet der Seneca Nation statt. George Heron hatte während des zweiten Weltkrieges in der US Navy im Südpazifik gekämpft. Als er nach Hause kam, stieg er in den Allegheny-Fluss, um allen Hass, den er vom Krieg nach Hause gebracht hatte, von sich abzuwaschen.

Aber er war noch nicht am Ende seiner Kämpfe. Einen der härtesten trug er in seiner Zeit als Chief aus: Er kämpfte gegen den Kinzua-Staudamm.

Mitglieder der Seneca Nation lebten seit 1794 auf der Allegany-Reservation und dem angrenzenden Cornplanter Tract, einem 121 Quadratkilometer großen Gebiet im Südwesten des Staates New York und im Nordwesten von Pennsylvania. George Washingtons Stellvertreter unterzeichneten den Vertrag von Canandaigua, in dem die Regierung der Vereinigten Staaten zusicherte, dass das Land den Seneca gehört. Dort steht: „Die Vereinigten Staaten werden von nun an (...) weder die Nation der Seneka noch andere der Sechs Nationen oder ihre dort lebenden indianischen Freunde belästigen."

Eineinhalb Jahrhunderte später belästigte die Regierung dennoch die Bewohnerinnen und Bewohner. Sie beschloss, einen Staudamm quer durch den Allegheny-Fluss zu bauen, um Überschwemmungen zu kontrollieren und um Strom zu erzeugen. Teile der Reservation sollten dafür überflutet werden.

George Heron schlug einen anderen Ort für den Bau vor, damit ihr Land erhalten bleiben würde. Die Regierung brachte er vor Gericht und er übte Einfluss auf den Kongress aus. Mit all dem hatte er keinen Erfolg. 1965 wurden die Häuser der Seneca mit Bulldozern zerstört oder niedergebrannt und die Menschen wurden in neue Dörfer auf der anderen Seite des Flusses umgesiedelt.

Auch wenn der Kinzua-Staudamm letztendlich gebaut wurde, ist die Arbeit von George Heron, den Seneca und ihren Unterstützern ein Vorbild, wenn es darum geht, gegen Projekte zu kämpfen, die dem Wasser schaden.

Verschmutztes Wasser landet im Fluss, weil manche Fabriken das Abwasser ungereinigt einleiten.

Es gibt drei Stufen der Wasserwarnung. „Wasser abkochen" bedeutet, dass die Anwohner das Wasser direkt aus dem Wasserhahn nicht nutzen können. Sie müssen es abkochen, bevor sie es zum Kochen oder zum Trinken, zum Tränken der Tiere, zum Zähneputzen, für Eiswürfel oder Suppe, zum Waschen von Obst und Gemüse oder zum Anrühren von Babynahrung benutzen können. „Nicht verbrauchen" bedeutet zusätzlich, dass Babys, Kleinkinder und alte Menschen sich mit Leitungswasser noch nicht mal waschen sollten. „Nicht verwenden" heißt, dass Leitungswasser gar nicht benutzt werden kann, auch nicht abgekocht.

Manche Wasserwarnungen gelten seit Jahrzehnten. Wärst Du 25 Jahre alt und Mitglied der Neskantaga First Nation im nördlichen Ontario, dann hättest Du noch nie in Deinem Leben Wasser aus Eurem Wasserhahn trinken können.

Die Menschen in Shoal Lake First Nation #40, ganz im Südosten von Manitoba, kämpften ebenfalls für ihr Recht auf Trinkwasser. Seit 1998 standen die Bewohner dort unter einer „Wasser abkochen"-Auflage. Die Vorgeschichte begann Anfang des 20. Jahrhunderts.

Downtown Winnipeg, Manitoba

Winnipeg, die ungefähr 140 Kilometer vom Reservat entfernte Hauptstadt Manitobas, brauchte Wasser. Mit schweren Maschinen wurde ein Wasserversorgungssystem für die Stadt gebaut – und die Bewohner von Shoal Lake First Nation #40 mussten dafür auf eine Halbinsel auf der anderen Seite der Bucht umsiedeln. Die Bauarbeiter gruben einen Kanal, um zu verhindern, dass das moorige Wasser nach Winnipeg fließen konnte. Durch den Kanal wurde die Halbinsel zur Insel. Anschließend wurde mit dem Kies aus dem traditionellen Gebiet von Shoal Lake ein Damm gebaut, damit das Wasser für Winnipeg sauber blieb. Auf der einen Seite floss nun das verseuchte Wasser zu den Bewohnern von Shoal Lake First Nation #40. Auf der anderen Seite floss sauberes Wasser nach Winnipeg.

Das in den 1990er Jahren gebaute Wasserversorgungssystem im Reservat funktionierte nicht gut. 1997 erkrankten viele Bewohner an der Infektionskrankheit Kryptosporidiose, die durch Parasiten im Wasser verursacht wird und zu heftigen Magenkrämpfen, Erbrechen und Durchfall führt.

Die Menschen von Shoal Lake First Nation #40 fanden eine Lösung. Sie setzten sich dafür ein, dass eine befestigte Straße gebaut wurde, die das ganze Jahr über befahren werden konnte. Sie verband ihre Insel mit dem Festland und so wurde das Reservat zugänglicher. Auf dieser sogenannten „Straße der Freiheit“ konnten sie nun Baumaterial auf die Insel bringen, mit dem sie eine eigene Wasseraufbereitungsanlage bauten. Dadurch hatten sie Zugang zu gesundem Trinkwasser und die Wasserwarnungen konnte aufgehoben werden.

Auch das Wasser hat seine Persönlichkeit

Im Laufe der Zeit begannen immer mehr indigene Völker damit, ihre Rechte einzufordern – zum Beispiel, um den Erie-See und dessen Sauberkeit zu schützen. Unterstützung erhielten sie von Verbündeten aus Toledo, Ohio. Gemeinsam protestierten sie 2014 gegen Umweltverschmutzer und prangerten das Einleiten von Phosphat in den See an. Die Wasserverschmutzung hatte dazu geführt, dass die Wasserversorgung für fast eine halbe Million Menschen zeitweise eingestellt werden musste. Das war eine eindringliche Erinnerung daran, dass alle sauberes, gesundes Wasser brauchen.

Die Wasserschützerin AUTUMN PELTIER, Anishinaabe Kwe, Wikwemikong, nie offiziell abgetretenes Gebiet

Autumn stammt aus Manitoulin Island im Huron-See, einem der weltweit größten Süßwasserseen. Mit nur acht Jahren nahm sie zum ersten Mal an den Wasserzeremonien teil, die auf den Ländereien der Wikwemikong First Nation stattfinden. Autumn tritt in die Fußstapfen ihrer Tante, der Wasserwanderin Josephine Mandamin, die um die Großen Seen wanderte, um ihre Botschaft zu verbreiten: „Das Wasser ist krank und die Menschen müssen für das Wasser kämpfen."

Die Öffentlichkeit wurde auf Autumn aufmerksam, als sie bei einem Treffen der Generalversammlung der First Nations Premierminister Justin Trudeau eine kupferne Wasserschale übergab mit der Aufforderung, das Wasser zu beschützen. Seither hat Autumn auf internationalen Treffen über das Wasser gesprochen, zum Beispiel bei der Kinderklimakonferenz in Schweden und vor den Vereinten Nationen (UN). 2017, 2018 und 2019 wurde sie für den Kinder-Friedenspreis vorgeschlagen. 2019 wurde sie der Liste der Wissenschaftsverteidiger der „Vereinigung besorgter Wissenschaftlerinnen und Wissenschaftler" (US Union of Concerned Scientists) hinzugefügt. Ihre Botschaft zum Wasserschutz lautet „Warrior up!", „Krieger erhebt euch!".

Das Erbe und die Arbeit der verstorbenen Josephine Mandamin werden von ihrer Großnichte Autumn Peltier weitergeführt

Im Februar 2019 wurde in Toledo das Erie-See-Gesetz verabschiedet, das den See zu einer Person erklärt. Zuvor hatte eine große Ölgesellschaft mehr als 300.000 US-Dollar ausgegeben, um Wählerinnen und Wähler zu beeinflussen, damit sie gegen das Gesetz stimmten – ohne Erfolg. Das Gesetz besagt, dass jeder Bewohner und jede Bewohnerin von Toledo als Vormund des Sees auftreten und handeln kann. Und damit haben sie jetzt das Recht, alle zu verklagen, die dem See Schaden zufügen oder das Wasser verschmutzen.

Erinnerst Du Dich an die Geschichte des Bibers und dass wir alle durch das Wasser miteinander verbunden sind? Wir betrachten das Wasser als heilig. Wir kämpfen dafür, das Geschenk Wasser vor Schaden zu bewahren. In Orten wie Toledo arbeiten wir gemeinsam als betroffene Verbündete, um sicherzustellen, dass alle Zugang zu sauberem Wasser haben. Indigenes Wissen über Wasser ist nur eines der heiligen Naturelemente.

Ein anderes ist das Feuer. Joe Gilchrist (Secwépemc Nation und Nlaka'pamux Nation) und Harry Spahan (Coldwater First Nation) sind Feuerwärter in British Columbia, Kanada. Sie sagen: „Feuer zu nutzen war bei den Indigenen von Turtle Island (so nennen viele indigene Völker das heutige Nordamerika) so wichtig, dass die Pflanzenwelt Feuer schließlich brauchte, um sich zu entwickeln. Im Laufe der Zeit hat unser kulturelles Abbrennen des Heimatbodens das Leben der Menschen, der Pflanzen, der Tiere und selbst von Mutter Erde gestaltet. Betrachtet das Feuer als einen Reiniger, wie es das Wasser ist, aber an Mutter Erde gerichtet."

KAPITEL 3

WAS WIR ÜBER FEUER UND RAUCH WISSEN

KARTENLEGENDE:

1. Apache (S. 38)
2. Vancouver (Ort) (S. 42)
3. Toronto (Ort) (S. 43)
4. Ottawa (Ort) (S. 43)
5. Saddle Lake Cree (S. 43)
6. Medicine Hat (Ort) (S. 44)
7. Navajo (S. 45)
8. Cree (S. 46)
9. Métis Nation (S. 47)
10. Yukon First Nations (S. 48)
11. Karuk Tribe (S. 49, 51)
12. Tahltan (S. 50)
13. Yurok (S. 50)
14. White Mountain Apache (S. 51)

1
2
3
4
5
6
7
8
9
10
11
12
13
14
Die Karte dient der Orientierung und ist nicht maßstabsgetreu angelegt

Feuer und Rauch sind große Geschenke. In unseren heiligsten Zeremonien verbindet Rauch unseren Atem mit dem Himmel. Auf dem Feuer kochen wir unser Essen, es hilft den Pflanzen beim Wachsen und es hält sogar unser Wasser sauber. Feuer erinnert uns ständig daran, wie alle Wesen miteinander verbunden sind. Wir wissen, dass Feuer zerstörerisch sein kann, aber ebenso kann es Teil des Lebenszyklus sein. Ein Beispiel dafür sind die Küstenkiefern, die Feuer brauchen, um sich zu vermehren.

Die Samen der Küstenkiefern werden durch Harz in den Zapfen festgehalten. Die Zapfen ruhen so lange auf dem Waldboden, bis ein Feuer das Harz wegbrennt. Beim nächsten Regen sprießen dann Millionen Keime aus der Asche und dem Boden.

FEUERHÜTER

Feuer ist mächtig. Deswegen darf es nie ohne eine spezielle Ausbildung durch die Ältesten, die Feuerhüter und Feuerhüterinnen sowie die Trägerinnen und Träger des Feuerwissens gebraucht werden.

Einen Wald in Brand stecken kann jeder, aber um Feuerhüter oder Feuerhüterin zu werden, ist jahrelanges Lernen unter strenger Aufsicht nötig. Traditionelle Feuerhüterinnen und Feuerhüter üben ihre Rolle für ihre Gemeinden aus. Ein Feuerhüter oder eine Feuerhüterin kann zum Beispiel auch ein Mitglied einer Gemeinde sein, das beauftragt wurde, für kulturelle Zwecke ein Feuer zu entfachen und zu betreuen.

Jede indigene Gemeinschaft hat ihre eigenen Weisen, mit dem Feuer umzugehen. Als meine Piikani-Vorfahren noch von Camp zu Camp reisten, ernannte jede Familie im Sommer eine eigene Feuerhüterin oder einen Feuerhüter. Die auserwählte Person trug in einem mit getrockneten Pflanzen gefüllten, besonderen Horn ein Stück heiße Kohle mit sich. Beim neuen Camp angekommen, entfachte sie damit ein neues Feuer. Die Frauen stellten die Tipis auf und übernahmen dann Flammen vom neu entfachten Feuer. Auf diese Weise waren ihre neuen Camps mit den vorhergehenden verbunden. Bei medizinischen Zeremonien entfachte ein Ältester oder eine Älteste ein neues Feuer mit Hilfe von getrockneten und zermahlenen Baumpilzen.

Eine Apache-Frau tanzt neben einem Lagerfeuer während einer Sonnenaufgangs-Zeremonie. San Carlos Reservation in Arizona, USA

Unser Planet erlebt zurzeit verheerende Wildfeuer, die zum Teil durch den Klimawandel verursacht werden. Heutzutage kann unser Wissen über Feuer allen nutzen.

Es gibt eine hübsche Geschichte mit Naapi, die uns daran erinnert, dass man mit Feuer vorsichtig sein sollte.

NAAPI GEHT LEICHTSINNIG MIT DEM FEUER UM

Während einer seiner vielen Reisen gelangte Naapi eines Tages zu einer einsam stehenden Behausung. Er wusste nicht, dass das Tipi dem Hüter des Feuers und seiner Frau gehörte. Naapi schaute hinein und sah große Stapel von getrocknetem Fleisch. Von einer Stange des Tipis hingen ein paar mit Federn geschmückte Stulpen aus Rohleder herab. Naapi wollte sie unbedingt haben. Plötzlich erhob der Besitzer die Stimme und lud Naapi ins Tipi ein. Naapi trat ein. Nach einer Weile fragte er, ob er die Stulpen haben könne. Sein Gastgeber, der Hüter des Feuers, antwortete, dass er diese nicht weggeben würde.

Da es schon spät am Tage war, fragte Naapi, ob er die Nacht im Tipi verbringen könne. Die Antwort war: „Wohl denn, mein Freund, übernachte hier." Naapi war entzückt. Er musste diese Stulpen haben, selbst wenn er sie stehlen müsste.

Tief in der Nacht, als alles still war, nahm Naapi die Stulpen von der Stange und schnürte sie sich auf den Rücken. Er kroch aus dem Tipi und machte sich auf und davon. Er rannte so lange, bis er sich sicher war, dass ihn niemand einholen würde. Er setzte sich bequem hin, um sich auszuruhen, und döste ein. Als er aus seinem Schlummer erwachte, fand er sich in dem Tipi wieder, aus dem er gerade geflohen war.

Naapi sah den Blick des Feuerhüters und erklärte schnell: „Oh! Ich brauchte letzte Nacht ein Kopfkissen und dafür habe ich deine Stulpen genommen", und übergab sie dem rechtmäßigen Besitzer.

Sein Gastgeber sagte: „Mein Freund, komm, lass uns essen, was meine Frau gekocht hat."

Naapi aß die Mahlzeit und verbrachte den Tag im Tipi. Am Abend gab er erneut vor, einzuschlafen. Als alles ruhig war, schnürte er die Stulpen wieder auf seinen Rücken und rannte los. Er lief, bis er schließlich müde wurde und beschloss, sich kurz auszuruhen. Doch stattdessen schlief er ein. Als er seine Augen wieder öffnete, fand er sich abermals im Tipi wieder. Die Stulpen waren immer noch auf seinem Rücken geschnürt. „Vielleicht mögen die Stulpen mich und deswegen heften sie sich immer an mich", grummelte er zum Hüter des Feuers, als er sie wieder an der Stange befestigte. Dann setzte er sich, um mit seinem Gastgeber zusammen eine Mahlzeit zu genießen.

In der dritten Nacht versuchte Naapi wieder, die Stulpen zu stehlen, wachte aber erneut mit den Stulpen auf dem Rücken im Tipi auf. Und es fielen ihm keine Erklärungen mehr ein. Nachdem sie etwas gegessen hatten, sagte der Hüter des Feuers zu Naapi: „Mein Freund, diese Stulpen scheinen dich wirklich zu mögen. Deswegen schenke ich sie dir. Es sind aber keine gewöhnlichen Stulpen, denn sie tragen in sich die Macht, Feuer zu entfachen. Ich nutze sie, wenn ich jagen gehe, und das kannst du auch machen. Wenn du dir sicher bist, dass sich in einem Gebüsch Wild befindet, ziehe sie an und renne drumherum. Wo immer du auch hintrittst, wird das Gras Feuer fangen. Aber ich muss dich davor warnen, sie ständig zu tragen. Du darfst sie nur zum Jagen nutzen."

Naapi stimmte zu und nahm die Stulpen mit. Da er sie diesmal nicht gestohlen hatte, wachte er nicht wieder im Tipi auf. Als er zurück im Camp seiner Leute war, benutzte er die Stulpen jedes Mal, wenn er auf die Jagd ging, und kam immer erfolgreich zurück. Die Leute bewunderten Naapi und er beschloss, dass er die Aufmerksamkeit würdigen wollte, indem er sich mit seinen besten Stücken schmückte. Er zog die Stulpen an und trat aus seinem Tipi hinaus, um mit seinem neuen Aussehen zu prahlen. Aber alles ging sofort schief. Wo er auch hintrat, setzte er das Gras in Brand. Er rannte schneller, aber das Feuer breitete sich mit ihm immer weiter aus. Die Leute im Camp gerieten in Panik und liefen in ihrer Not hin und her. Sie riefen Naapi zu, er solle den Brand löschen. Endlich blieb er stehen, zog die Stulpen aus und warf sie auf den Boden, wo sie brannten, bis sie zu Asche wurden.

Diese Geschichte ermahnt uns, dass Feuer eine mächtige natürliche Kraft ist, die zwar nützlich zum Jagen ist, mit der man aber rücksichtsvoll umgehen muss.

HEILIGER RAUCH UND FEUER

Weil der Rauch den menschlichen Atem und die spirituelle Welt miteinander verbindet, ist er ein wichtiger Bestandteil unserer heiligen Bräuche wie der Räucher-Zeremonie, des Gebrauchs der Pfeife und all unserer Zeremonien.

Zeder

Die Räucher-Zeremonie

Räuchern ist eine heilige Zeremonie, die unsere Seele von negativen Gedanken reinigt. Jede Nation hat ihre eigenen Räucherbräuche, dennoch gibt es vier Elemente, die fast überall eine Rolle spielen: ein Behälter (oft eine Muschel), der das Wasser verkörpert; die vier heiligen Pflanzen, die von der Mutter Erde gegeben wurden (Zeder, Beifuß, Duft-Mariengras und Tabak); das Feuer, das entsteht, wenn die heiligen Pflanzen angezündet werden, und der Rauch, den das Feuer verursacht.

Eine Älteste oder ein Ältester leitet die Zeremonie. Wenn öffentlich geräuchert wird, legt diese Person die Pflanzenblätter und -stängel in einen Muschelbehälter. Die getrockneten Kräuter werden mit einem Streichholz angezündet und brennen so lange, bis die Flammen verlöschen. Auf Einladung der oder des Ältesten leiten die Anwesenden den Rauch sachte mit den Händen oder einer Adlerfeder über ihren Körper. Behutsam atmen sie den Rauch ein, um Frieden in den Verstand, das Herz und den Körper zu bringen.

Beifuß

Tabak

Duft-Mariengras (Süßgras)

Bei privaten Räucherzeremonien begleiten persönliche Gebete das Verbrennen der Pflanzen.

Das Räuchern ist so kraftvoll, dass es in Kanada mittlerweile sogar offiziell als Heilmittel anerkannt wurde. Zum Beispiel stellen viele Krankenhäuser spezielle Räume zum Räuchern zur Verfügung, obwohl Rauch in öffentlichen Einrichtungen eigentlich streng verboten ist.

Eine Älteste hält eine Räucherzeremonie in Vancouver, Kanada, ab

WAHRHEIT UND VERSÖHNUNG

Zwischen 1879 und 1996 hat die kanadische Regierung Kinder der First Nations, der Métis und der Inuit aus ihren Familien gerissen und sie in spezielle Umerziehungsheime gesteckt. Dort wurde ihnen verboten, ihre eigene Sprache zu sprechen und nach ihrer Kultur zu leben. Die Kinder wurden grausam behandelt. Dass sie von ihren Familien ferngehalten wurden, verursachte großes Leid. Viele Menschen zogen vor Gericht. 2008 rief die kanadische Regierung eine „Wahrheits- und Versöhnungskommission" ins Leben. Sie veröffentliche 2015 einen Katalog mit 94 Maßnahmen, die jede Regierung, jedes Gericht, jedes Unternehmen, jede Schule und jeder Mensch in Kanada umsetzen kann, um die Fehler der Vergangenheit zu mildern.

Bei einer Kundgebung in Ottawa, Kanada, marschierten Tausende zum Gedenken an die Kinder, die in den Umerziehungsheimen gestorben sind. Sie wurde von indigenen Leaders angeführt

CLAYTON SHIRT, *Saddle Lake Cree, Vertrag Nr. 6, Potawatomi*

Clayton Shirt ist ein traditioneller Lehrer und Heiler. Er hilft anderen Menschen dabei, ihr Leben „auf einem guten Weg" zu gehen. Dafür verwendet und verbreitet er das Räuchern als Heilmethode. Beim Räuchern, so sagt er, erinnert uns das Süßgras an die Süße des Lebens und der Tabak verbindet uns mit der Vergangenheit, da er laut der überlieferten Geschichten eine der ersten Gaben an die Menschen war.

Clayton unterstützt die Forschenden und Studierenden am Waakebiness-Bryce Institute für indigene Gesundheit der Universität von Toronto auf ihrer spirituellen, emotionalen und wissenschaftlichen Reise. Die Räucherzeremonien führt er für Menschen mit Krebserkrankung, Pflegekräfte und Ärztinnen und Ärzte aus.

Heilige Pfeifen

Die Menschen in den Prärien fertigten die Köpfe der Tabakpfeifen aus schwarzem Speckstein oder aus weißem oder grünen Catlinit, einem bestimmten Tonstein. Der Rauch zieht durch ein hölzernes Pfeifenrohr aus dem Pfeifenkopf. Die Holme wurden mit Federn, Leder, Stachelschweinborsten und später auch mit Perlen verziert – diese Verzierungen hatten eine besondere Bedeutung für die Besitzerin oder den Besitzer der Pfeife. Auch heute noch benutzen wir die Pfeifen für Gebete oder wenn wir Zeremonien abhalten. Viele Pfeifenbesitzer sind Mitglieder eines Medizinbundes oder eines Zeremonienbundes. In der Vergangenheit wurden die Pfeifen manchmal „Friedenspfeifen“ genannt, weil das gemeinsame Rauchen ein Zeichen der Aufrichtigkeit war, wenn zwischen Nationen verhandelt wurde.

Lange bevor meine Ahnen begannen, Tabak anzupflanzen, sammelten sie eine Pflanze, die Bärentraube heißt, und vermischten sie mit der inneren Rinde des roten Korbweiden-Hartriegels, um beides zusammen in ihren Pfeifen zu verwenden. Der Rauch sollte ihre Gebete in die Welt der Geister tragen.

Die älteste bekannte Pfeife fanden Forschende bei *Cactus Flower* in der Nähe von *Medicine Hat*, Alberta, Kanada. Sie wurde wahrscheinlich vor etwa fünftausend Jahren hergestellt. Das war viertausend Jahre bevor die Menschen Tabakpflanzen anbauten.

TABAK

Für Indigene Nordamerikas ist Tabak eine heilige Pflanze. Die Jägerinnen und Jäger bedanken sich vor und nach dem Abschuss beim Schöpfer und beim erlegten Tier. Als Zeichen unserer Hochachtung verteilen wir Tabak auf dem Boden oder auf dem Wasser und danken so der Erde und dem Wasser für die Geschenke, die sie uns geben. In unseren heiligen Bräuchen nutzen wir Tabakpflanzen, wie sie in der Natur vorkommen, und keine, die mit schädlichen Chemikalien behandelt wurden, wie sie im Zigarettentabak zu finden sind. Wir können dies nicht genug unterstreichen: Verwechselt nicht den Gebrauch von heiligem Tabak mit der gefährlichen und gesundheitsschädlichen Gewohnheit, Zigaretten, Zigarren oder Pfeifen zu rauchen oder Tabak zu kauen.

Meine Piikani-Vorfahren bauten Tabak an seiner nördlichsten Wachstumsgrenze an (weiter nördlich gibt es nicht genug frostfreie Tage). Wir erzählen Geschichten über den Chief der Biber, der uns alles über den Tabak beigebracht hat. Und das hat einen guten Grund: Durch den Bau ihrer Dämme erschaffen die Biber ein hervorragendes Mikroklima, das die jungen Pflanzen vor spätem Frost schützt. Sind die Sommer trocken, spendet der Boden rund um den Teich genügend Feuchtigkeit für die Tabakwurzeln.

Eine heilige Zeremonie: Der Feuertanz

Indigene Menschen beginnen ihre Zeremonien häufig mit einem heiligen Feuer. Die *Mountainway Ceremony* („Bergweg-Zeremonie") der Navajo dauert neun Tage und wird zum Ende des Winters abgehalten. Sie besteht aus vier Zeremonien, bei denen jeweils bestimmte Lieder und Geschichten geteilt werden. Der Feuertanz wird in der letzten Nacht ausgeführt und beginnt mit dem Entfachen eines zentralen Lagerfeuers.

DER FEUERTANZ DER NAVAJO

Die Nacht ist angebrochen und am Himmel leuchten Sternen. Du zwängst Dich an Hunderten von Menschen vorbei, um rechtzeitig zum heiligen Platz zu gelangen und dem Anzünden des großen zentralen Feuers beiwohnen zu können. Dessen Flammen werden alles Böse verbrennen.

Es ist die neunte Nacht der Bergweg-Zeremonie. Du bist erschöpft von der Aufregung, die das Beobachten der Tänze und Zeremonien in Dir ausgelöst hat. Dein Großvater hat Dir vom Feuertanz erzählt, aber bislang bist Du immer vor dem Beginn des Tanzes in den Armen Deines Vaters eingeschlafen. Aber jetzt bist Du älter und fest entschlossen, wach zu bleiben.

Endlich, kurz vor Sonnenaufgang, beginnt die Zeremonie. Das zentrale Feuer glimmt nur noch. Junge Männer bringen Baumstämme heran, um es zu füttern. Medizinmänner, die speziell für diesen Moment von weit her eingeladen wurden, beginnen feierlich, sich im Rhythmus der Trommeln zu bewegen. Staunend beobachtest Du, wie die Flammen knisternd emporschweben. Der Feuertanz wird allen Anwesenden Kraft geben.

Er wird den Boden fruchtbar machen und dafür sorgen, dass es viele Tiere geben wird. Die Ernte wird gut werden und es wird genug Wild zum Jagen geben – und dafür bist Du dankbar.

Monument Valley im heutigen Gebiet der Navajo

FEUER UND RAUCH

Unser Wissen über Feuer und Rauch hilft uns in unserem Alltag. Die Indigenen in den Prärien räucherten das Innere ihrer Tipis aus, damit die Bisonhaut nicht austrocknete oder bei Regen undicht wurde. In fast ganz Nordamerika nutzten die Menschen Feuer, um ihr Essen zuzubereiten. Indigene Feuerhüterinnen und -hüter wissen, wie man mit Hilfe des Feuers dem Boden Nährstoffe zuführen oder sogar die Landschaft verändern kann.

Mit Feuer kochen

Die indigene nordamerikanische Speisekarte ist lang. Zarter Fisch, herzhafte Wildeintöpfe, süße Früchte oder Nusspudding: Wir kochen seit Ewigkeiten mit Feuer. Fleisch wurde auf einem Spieß über den Flammen geröstet. Tontöpfe mit Suppe wurden auf offenes Feuer gestellt. Suppe konnte auch in mit Wasser, Fleisch und Beeren gefüllten Holzschalen zubereitet werden, in die heiße Steine gelegt wurden, bis das Ganze kochte. Die Menschen bauten Erdöfen, in denen sie Gemüse dünsteten. Dafür gruben sie zuerst ein Loch in den Boden. Dann stapelten sie

Elizabeth Brien, eine Cree-Frau, bereitet in einem Camp in Québec, Kanada, das Räuchern von Fischen vor

mittelgroße, möglichst runde Steine und Holz und zündeten das Holz an. Sobald die Steine glühten, nahmen sie diese mit einer hölzernen Harke aus dem Feuer, legten sie auf den Boden der Grube, bedeckten sie mit Blättern und Gräsern und schichteten die Nahrungsmittel darauf. Ein hohles Schilfrohr wurde in die Mitte gestellt und die Nahrungsmittel wurden mit einer Schicht aus Blättern und Gräsern und schließlich mit Erde bedeckt. Durch das Schilfrohr wurde regelmäßig Wasser zugeführt, das sich in Wasserdampf verwandelte, wenn es auf die heißen Steine traf. Der Dampf dünstete das Essen. Wenn die Erde um die Grube herum heiß geworden war, fegten die Menschen Glut und Asche beiseite. Wenn Fleisch und Gemüse, Mais, Rüben oder andere Knollengewächse gar waren, konnte gegessen werden.

Kontrollierte Brände

Kontrollierte Brände sind kleine, sorgfältig angelegte Feuer, die nur entfacht werden, wenn niemand in Gefahr geraten kann.

Diese kleineren, kontrollierten Brände sind sehr wichtig, denn wir setzen sie ein, um große Flächenbrände zu verhindern: Waldbrandrisiken wie Fichtennadeln, trockenes Laub und Gräser, Äste und tote Bäume werden auf diese Weise entfernt.

Diese Kulturbrände nutzen dem Land, denn sie verhindern großflächige Feuer, schaffen Raum für Pflanzenvielfalt und neuen Lebensraum für die Wildtiere.

Amy Cardinal Christianson (Métis Nation aus Alberta) arbeitet als wissenschaftliche Feuerforscherin mit der kanadischen Forstbehörde zusammen. Sie unterrichtet, wie Forstgebiete durch den Einsatz von Kulturbränden gesund gehalten werden können. Die Feuer werden normalerweise zu Beginn des Frühlings oder am Ende des Herbstes gelegt, da dann alles feucht und das Risiko gering ist. Es sind kleine Feuer, die sich langsam durch das Unterholz bewegen. Diese Brände werden nur von erfahrenen Menschen durchgeführt. Amy Cardinal etwa erfuhr von einem Ältesten der Peavine Métis, dass er den Zeitpunkt für einen Brand anhand des Trockenheitsgrades der Fichtennadeln bestimme.

Amy Cardinal Christianson mit ihrer Tochter während eines Frühjahrsbrandes im Gebiet des Treaty 6

Kulturbrände werden auch gelegt, um eine Tier- oder Pflanzenart zu beschützen, die für eine Nation besonders wichtig ist. Zum Beispiel entfernt eine Fischernation auf diese Weise die Pflanzen am Uferrand, die den Flusslauf hemmen. Eine Jägernation, die sich von Elch- oder Rehfleisch ernährt, kann durch das Abbrennen von Pflanzen Zecken von den Tieren fernhalten, neue Pfade für sie legen oder das Wachstum von jungem Gras vorantreiben, damit das Wild genug Nahrung findet.

Als die Siedler in die Prärien kamen und sahen, dass wir absichtlich Feuer entfachten, waren sie entsetzt. Sie nannten unsere Feuer „beklagenswert" und unsere Gründe dafür fanden sie „belanglos" und sogar „böswillig". Doch unsere Gründe waren weder „belanglos" noch „böswillig".

Meine Blackfoot-Vorfahren jagten Bisons und Feuer war dafür ein wichtiges Mittel. Wenn sie durch die verbrannten Gebiete liefen, wurden ihre Moccasins und Füße schwarz, daher der Name Blackfoot, was auf Deutsch „Schwarzfuß" heißt.

Bisons suchen zum Weiden nach grünem Gras. Im Herbst, wenn das Gras gelb und trocken wurde und leicht Feuer fing, gingen früher die jungen Männer an die Orte, an denen sie im kommenden Frühling jagen wollten. Sie verbrannten das Gras oberhalb der Felsenklippen, damit die Grassamen auf den Boden fielen. Die Asche der verbrannten Gräser wurde zu Dünger für die Samen. Im Winter überdeckte der Schnee die Erde und die Samen. Wenn der Frühling kam, schmolz der Schnee und durchfeuchtete den Boden. Dadurch wuchs das Gras schnell und früh und die Bisonherden kamen dorthin, um das frische Gras zu fressen. So hatte die erste Jagd nach dem Winter an dieser Stelle gute Aussicht auf Erfolg.

Durch kontrollierte Feuer wird der Boden ertragreicher, da sie Platz für mehr Pflanzenwachstum schaffen. Die Nährstoffe in der Asche versorgen die jungen Pflanzen mit Mineralen. Das Ergebnis sind gedeihende Beeren, Heilpflanzen und Pflanzen, die zum Beispiel zum Korbflechten genutzt werden können.

Die Organisation *Yukon First Nation Wildfires* bildet die nächste Generation von Feuerwächterinnen und Feuerwächtern aus. Sie spielt eine wichtige Rolle für den Schutz der Wälder

Bäume haben tiefe Wurzeln, die eine Menge Wasser aufnehmen. Aber sie verbrauchen nicht alles davon: Ein Teil des Wassers wird durch kleine Öffnungen an der Unterseite der Blätter in Form von Wasserdampf an die Luft abgegeben. Feuer reinigt den Boden von jungen Bäumen und abgestorbenem Holz. In abgebrannten Teilen des Waldes gibt es weniger Pflanzen, die Wasser verbrauchen und verdunsten. So fließt mehr Wasser in die Flüsse und in die Wasserspeicher flussabwärts. So steht auch für die überlebenden Bäume mehr Wasser zur Verfügung. Wo die Baumkronen durch kontrollierte Feuer gelichtet wurden, kann zudem mehr Sonnenlicht in den Wald dringen. Sie fördern also das Wachstum neuer Pflanzen und sorgen für einen höheren Feuchtigkeitsgehalt im Boden als in Wäldern, die nicht durch kontrolliertes Brennen gepflegt werden. Der Wald geht aus einem kontrollierten Feuer gestärkt hervor.

WASSER UND FEUER:
Wie sind sie miteinander verbunden?

Die Verbindung zwischen Feuer und Wasser besteht nicht nur darin, dass Feuer Wasser erhitzen und Wasser Feuer löschen kann. Feuer kann auch das Vorkommen von Wasser in den Wäldern fördern.

FEUERWISSEN HILFT

Heute arbeiten Wissenshüterinnen und Wissenshüter zusammen mit der Feuerwehr, den Regierungsbehörden und Freiwilligen, um das traditionelle Wissen über Feuer mit modernen Technologien zu verflechten. Zum Beispiel haben die Karuk im Norden Kaliforniens, wo Brände jedes Jahr großen Schaden anrichten und viele Leben kosten, einen 232 Seiten langen Plan erstellt, mit dessen Hilfe sie die Flächenbrände durch gezielte Brände bekämpfen.

Beat the Heat

Yukon First Nations Wildfire (YFNW) ist ein Gemeinschaftsprojekt, dass 2019 von acht First Nations aus dem Yukon gegründet wurde. „Beat the Heat" bedeutet so viel wie „die Hitze besiegen". Die Mitarbeiterinnen und Mitarbeiter organisieren Ausbildungslager, in denen junge Indigene lernen, Feuer je nach Jahreszeit zu bekämpfen. Das Training ist körperlich sehr herausfordernd. Die Teilnehmenden üben zahlreiche Fertigkeiten, vom Gebrauch der Feuerwehrausrüstung bis zum Entfachen und Betreuen kontrollierter Brände. *YFNW* ist stolz darauf, junge First Nations auszubilden.

Im Juli 2018 war die Feuerwehr von *YFNW* als erste vor Ort, als das Reservat der Tahltan First Nation durch ein Wildfeuer zerstört wurde.

Das indigene Brandnetzwerk

Elizabetz Azzuz (Yurok, Karuk) lebt in dem Yurok-Dorf Weitchpec in Kalifornien, USA. Sie ist eine der Leiterinnen des indigenen Brandnetzwerks (*Indigenous Peoples Burning Network, IPBN*), das mit der Regierung und der Naturschutzbehörde zusammenarbeitet. Seit über fünfzig Jahren nutzt sie ihr Wissen über kontrollierte Brände, um das Wachstum der Pflanzen zu unterstützen, was wiederum den Menschen und den Tieren zugutekommt. Elizabeth sagt: „Feuer ermöglicht offene Wiesen, auf denen Kinder frei herumlaufen und spielen können. Es pflegt die alten Pfade, über die die Hirsche wandern, und schafft Platz für das Wachstum von Haselnusssträuchern. Aus ihren Zweigen flechten wir Frauen die Körbe, für die wir berühmt sind."

Elizabeth Azzuz (Yurok, Karuk)

Die Frauen von Apache 8

Etwa 14.000 Angehörige der White Mountain Apache leben im Osten Arizonas in einem 650.000 Hektar großen Gebiet, das reich an glitzernden Flüssen, tiefen Wäldern und hohen Bergen ist. Die Berge, die Bäume, der Wind und die Wolken werden als heilig betrachtet.

2002 verbrannten mehr als 113.000 Hektar Wald der White Mountain Apache Reservation. Die Frauen von Apache 8 halfen dabei, diese Feuer zu bekämpfen.

Die Apache 8 sind ein zähes, mutiges Team von Apache-Feuerwehrfrauen. Wenn sie keine Feuer bekämpfen, erledigen sie andere wichtige Arbeiten: Im Frühling etwa entfernen sie das Unterholz, da dieses leicht brennbar ist und einen unkontrollierten Brand kann nähren könnte. Bei Gewitter beobachten die Feuerwehrfrauen die Blitze am Himmel – denn wenn ein Blitz in einen Baum einschlägt, kann ein „schlafendes" Feuer ausgelöst werden, dass zunächst vor sich hin glimmt, bevor Tage später die Flammen ausbrechen.

Zwischen 1974 und 2005 arbeiteten mehr als hundert Frauen der White Mountain Apache als Feuerwehrfrauen.

Feuerwehrfrauen von Apache 8 beaufsichtigen ein kontrolliertes Feuer, mit dem ein Wald gesäubert wird

Butch Gregg and Ericka Hinton von der Crew der YFNW

Kontrollierte Feuer können den Wildtieren helfen

Unser Wissen über Feuer kann allen helfen, vor allem in einer Zeit, in der es wegen des Klimawandels immer häufiger Waldbrände gibt.

Wir jagen, fischen und bestellen unser Land geleitet von unserem überlieferten indigenen Wissen. Unsere Vorstellungen über den Umgang mit der Natur können für die Menschen überall auf der Welt von Nutzen sein.

KAPITEL 4

INDIGENES WISSEN UND NACHHALTIGE ERNÄHRUNG

KARTENLEGENDE:

1. Lakota (S. 56)
2. Assiniboine und Sioux Tribes (S. 58)
3. Yellowstone National Park (S. 58, 59)
4. Kainai (Blood Nation) (S. 59)
5. Nez Perce/Lapwai (S. 59)
6. Sts'ailes (S. 60)
7. Babine Nation (S. 60)
8. Mi'kmaq/Fort Folly First Nation (S. 62)
9. Swinomish (S. 63)
10. Coast Salish (S. 64)
11. Buckley Bay, Vancouver Island (Ort) (S. 64)
12. Inuit (S. 64)
13. Squamish (S. 64)
14. Tlingit (S. 64)
15. Hul'q'umi'num (S. 65)
16. W̱SÁNEĆ (S. 65)
17. Algonquin (S. 67)
18. Olmec (S. 67)
19. Oaxaca (S. 68)
20. Tzotzil (S. 68)
21. San Idelfonso Pueblo (S. 69)
22. Cherokee (S. 78) / Trail of Tears (S. 106, 107)
23. Anishinaabe (S. 71, 72)
24. Mdewakanton Dakota (S. 71)
25. Mi'kmaq (S. 71)
26. Navajo (S. 71)
27. Northern Cheyenne (S. 71)
28. Oglala Lakota (S. 71)
29. Sisseton Wahpeton Dakota (S. 71)

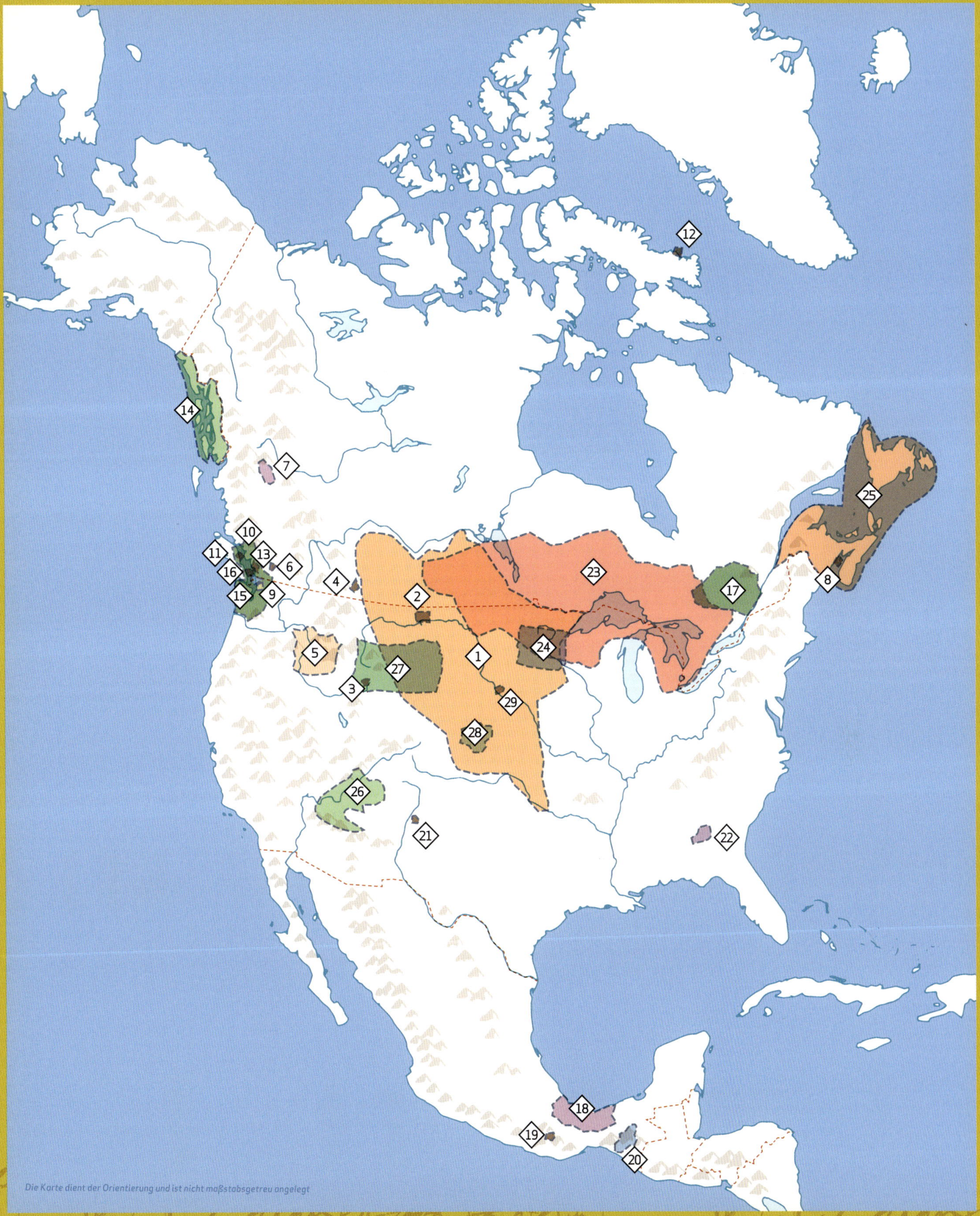

Die Karte dient der Orientierung und ist nicht maßstabsgetreu angelegt

Eine Mahlzeit mit der Familie und mit Gästen zu teilen oder von anderen dazu eingeladen zu werden, ist eine Ehre. Ob es Bisonfleisch, Fisch oder pflanzliche Nahrungsmittel gibt, ist egal. *Netukulimk* leitet uns dabei an. Das Wort stammt aus der Sprache der Mi'kmaq und bedeutet „Nimm nur das, was gebraucht wird, und verschwende nichts".

DAS GESCHENK DES BISONS

Meine Vorfahren gehörten zu den Bisonjägern der Prärien. Bisons waren so wichtig, dass die Lakota sie *Tatanka* nannten, was „Er, der uns besitzt" bedeutet. Unsere Geschichten erinnern uns daran, wie viel wir den Bisons verdanken.

Die Geschichte erinnert uns daran, wie eng unser Leben mit dem der Bisons verflochten ist. Jagen war der einzige Weg, um Ernährungssicherheit zu garantieren, denn der Hunger war eine ständige Sorge. Wir haben gelernt, dankbar für

DAS GESCHENK DES BISONS

Eines Abends verließ eine junge Frau das Tipi ihrer Familie und ging zum Fluss, um Feuerholz zu sammeln. Dort sah sie in einiger Entfernung eine grasende Bisonherde. An den Geschmack von Bisonfleisch konnte sie sich kaum mehr erinnern, da es schon sehr lange her war, seit sie es zum letzten Mal gegessen hatte. Sie hatte gelernt, die durch den Hunger ausgelösten Schmerzen im Bauch zu ignorieren, aber bei dem Anblick der Bisons fuhr es ihr wie eine Pfeilspitze in den Magen. „Wenn die Herde sich in Richtung der Klippe bewegen würden, sodass wir an frisches Fleisch kommen könnten, würde ich den Chief der Bisons heiraten", sagte sie. Der Chief der Bisons hörte ihre Worte. Er dachte, dass er es sich gut vorstellen könnte, diese Frau zu heiraten.

Als die Frau am nächsten Tag wieder zum Flussufer ging, um Holz zu sammeln, verließ der Chief der Bisons die Herde und verwandelte sich in einen Mann. Er wartete auf dem Pfad auf sie und als sie näherkam, begann er ein spezielles Lied zu singen, um sie zu umwerben. Das Lied gefiel ihr. Er stellte sich als Chief der Bisonherde vor. „Ich habe deinen Wunsch gehört. Wenn du mich heiratest, werde ich dafür sorgen, dass dein Volk nie mehr Hunger leiden wird."

„Ist das wahr?", fragte sie.

Dar Chief der Bisons griff in seine Gürteltasche. In seiner Hand lagen zwei kleine steinerne Bisons. „Das sind iinisskimmiksi", sagte er. „Es sind Glücksbringer, die deinem Volk helfen werden, wenn es Bisons jagen geht. Ich werde dir ein Lied beibringen und dir die Zeremonie zeigen, die nötig ist, damit die Steine ihre

Bisonsteine, auch *iinisskimmiksi* genannt, entstehen wenn versteinerte Ammonitschalen auseinanderbrechen, weil sie im Boden abwechselnd Frost und Tauwetter ausgesetzt sind. Die dadurch entstehenden Fossile sehen aus wie kleine, steinerne Bisons. Medizinmänner benutzen *iinisskimmiksi* oft, um die Bisons durch besondere Rituale herbeizurufen

das Geschenk der Tiere zu sein. Unsere Aufgabe war es, immer genug Tiere am Leben zu lassen, damit sie sich fortpflanzen und die Herden sich immer wieder erneuern konnten.

Kraft entfalten. Bringe die Glücksbringer zu einem Medizinmann und lehre ihn das Lied und die Zeremonie." Sie dachte an ihre hungernde Familie und nahm die iinisskimmiksi. Sie würde den Chief der Bisons heiraten, damit ihr Volk nie wieder Hunger leiden würde.

Als sie nach Hause kam, legte sie das Holz, das sie gesammelt hatte, bei ihrem Tipi ab. Ihr Vater war ein Medizinmann und sie brachte ihm das Lied und die spezielle Zeremonie bei. Er schlug seine Trommel und sang das Lied viermal. Er führte jeden Schritt der Zeremonie so durch, wie es seine Tochter ihn gelehrt hatte.

Als er mit allem fertig war, ertönte ein heftiger Donner. Der Boden zitterte, als würden tausend trommelnde Hufe vorbeigaloppieren. Als der Morgen anbrach, sah sein Volk, dass eine große Bisonherde über die Klippe gesprungen war. Die Leute nahmen ihre Feuersteinmesser und zerlegten die Tiere.

Die junge Frau vergaß ihr Versprechen nicht. Sie sammelte ihre Tonschüsseln zusammen, als ob sie zum Fluss gehen würde, um Wasser zu holen. Die anderen waren damit beschäftigt, die Tiere zu enthäuten und zu zerlegen. Sie bemerkten nicht, dass sie verschwand. Ein junger Mann erwartete sie auf dem Pfad. Er verwandelte sie in ein Bison und nahm sie mit zu seiner Herde.

Viele Jahre später besuchte die junge Frau ihren Vater in einem Traum. Sie sagte ihm, dass sie nicht gestorben sei, sondern mit den Bisons lebe. Manche der Tiere, die von den Menschen gejagt wurden, waren ihre Kinder. Seither vergaß ihr Volk nie mehr, vor jeder Jagd das iinisskimmiksi-Ritual durchzuführen. Die Menschen erinnerten sich stets an ihr Opfer und nach jeder Jagd ehrten sie die Bisons für ihr Geschenk.

Ohne Titel (Buffalo Spirit) von Garnet Tobacco, Cree Nation

Alles an den Bisons, die meine Vorfahren jagten, fand eine Verwendung. Nachdem ein Tier getötet worden war, zogen wir ihm die Haut ab, um sie zur Herstellung von Kleidung, Moccasins, Trommeln, Babytragen und Spielzeugen zu nutzen. Das Fleisch schnitten wir in Stücke und verteilten es. Da wir Dutzende Bisons auf einmal töteten, gab es zu viel Fleisch, um es auf einmal aufzuessen. Also trockneten wir ein Großteil davon im Wind. Dann wurde es zu Pulver zermahlen, um Pemmican zuzubereiten – ein Gemisch aus getrocknetem Fleisch, zerstampften Beeren und Knochenmarkfett. Es hielt sich monatelang und wurde in Beuteln aus Rohleder aufbewahrt. Pemmican war ein beliebtes Essen bei den Langstreckenläufern, da es eine proteinreiche Mahlzeit ist, die obendrein noch gut schmeckt.

Aus den Knochen der Bisons wurden Keulen, Messer und Werkzeuge zum Graben hergestellt. Die Hörner lieferten gute Becher und dienten außerdem dazu, Feuer zu transportieren. Die Sehnen verwendeten wir als Fäden, mit denen wir Kleidung und Tipis nähten. Die Bisonschwänze wurden zu Bürsten und der Dung diente als Brennstoff. Alles übrig gebliebene Fleisch und die nicht weiter verwendeten Knochen wurden für die Bären, Wölfe, Vielfraße, Kojoten und Vögel zurückgelassen. So hatten auch andere Geschöpfe etwas von der Jagdbeute.

Die Bisonhelden: Die Bewohner von Fort Peck

Etwas zurückzugeben ist Teil des indigenen Wissens. Die Assiniboine und Sioux aus der Fort Peck Reservation in Montana würdigen das Geschenk der Bisons, indem sie dabei helfen, die Prärien wieder mit Herden zu besiedeln.

Niemand weiß genau, wie viele Bisons früher in den Prärien lebten. Die Schätzungen liegen bei etwa 60 Millionen Tieren. Wir wissen auch, dass sie um 1880 herum durch übermäßiges Jagen fast ausgerottet wurden. Die Regierung der Vereinigten Staaten von Amerika wollte unser Land für die Siedler aus Europa haben, aber wir standen im Weg. Als die Eisenbahnschienen durch die Prärien gelegt wurden, wurden eigens Jäger engagiert und dazu ermutigt, aus den Zugwagons heraus so viele Bisons wie möglich zu erschießen. Der Plan dahinter war, dass, wenn die Bisons endgültig verschwunden wären, die indigenen Völker, die von ihnen lebten, ebenfalls verschwinden würden, weil sie verhungerten.

Um 1900 herum blieben auf dem Gebiet der Vereinigten Staaten nur noch dreihundert Bisons übrig. Alle heute lebenden Bisons stammen von diesen Tieren ab.

Die Bewohner der Fort Peck Reservation gehörten zu den Ersten, die sich für die Wiederbelebung der Bisonherden einsetzten. Dreiundzwanzig Tiere hatten in einem entlegenen Tal des Yellowstone National Park überlebt.

Ein Bison wird aus einem Quarantäneanhänger nach seinem Umzug auf die Fort Peck Reservation in Montana freigelassen, 2019

In Zusammenarbeit mit Wildtierschützerinnen und -schützern kämpften die Bewohner von Fort Peck sechs Jahre lang mit der Regierung Montanas, um die Nachfahren dieser Tiere zu bekommen. Die ersten sechzig Yellowstone-Bisons erreichten Fort Peck 2012 und wurden mit einer speziellen Zeremonie empfangen. Heute leben mehr als 375 Bisons in Fort Peck. Sie bilden zusammen die größte Schutzherde in Nordamerika.

Robbi Magnan verwaltet diese Bisonschutzherde. Als die Bisons in großen Pferdeanhänger in Fort Peck ankamen, sagte er: „Sie kehren zu unserem Volk zurück!"

Heute kämpfen auch viele andere indigenen Nationen um den Erhalt der Bisons, zum Beispiel die Blood Nation im Süden Albertas. 2014 unterzeichneten dreizehn Stammesnationen aus Kanada und aus den Vereinigten Staaten einen Bisonvertrag, der zusammenfassend beschreibt, warum es so wichtig ist, frei umherziehende Bisonherden wiederzubeleben. In den Prärien gibt es inzwischen wieder etwa viertausend freilebende Tiere.

DAS GESCHENK DES LACHSES

„Der Lachs wurde vom Schöpfer hierhergebracht, damit wir ihn als Teil des Lebenskreislaufes nutzen können. Er gibt uns etwas und im Gegenzug geben wir ihm durch unsere Zeremonien etwas zurück ... Ihr stetes Zurückkehren bedeutet, dass unser Weiterbestehen gesichert ist, da die Lachse ihr Leben für uns aufgeben. Im Gegenzug geben wir, wenn wir sterben, diese Nahrung wieder zurück an den Boden, an die Flussufer und somit zurück in den Lebenskreislauf."

Carla High Eagle, Nez Perce, Lapwai

Die Nationen, die im Osten und im Westen an den Küsten leben, ehren die Lachse durch spezielle Zeremonien. Die Fischereimethoden sind darauf ausgerichtet, auch die kommenden Generationen mit Lachs zu versorgen.

Würdigung des Lachses

Die indigenen Bewohner der Westküste begrüßen die jährliche Wanderung der Lachse mit großer Freude, denn das Fischen gibt Nahrungssicherheit. Sie ernennen einen Lachs-Chief für jede Gruppe, der wiederum einen einzelnen Fischer bestimmt, dem die Ehre zufällt, den ersten Lachs im Jahr zu fischen. Bevor der Fischer ins Wasser steigt, wird er gesegnet. Der erste gefangene Fisch wird ans Ufer gebracht, sorgfältig gekocht und unter allen Anwesenden verteilt. Der Fischkopf wird mit dem Maul flussaufwärts aufgestellt, um dem Geist der Lachse den Weg nach Hause zu zeigen. Die Gräten werden gesäubert und an den Fluss zurückgegeben: Sie helfen den Lachsen, ihre Reise zu Ende zu führen, damit die Menschen sich ernähren können.

Seit unzählbar vielen Generationen ehren die Sts'ailes jedes Jahr den zurückkehrenden Lachs mit der Erster-Lachs-Zeremonie. Ein Teil der Ehrung besteht in der Rückgabe der Gräten und aller ungebrauchten Teile des ersten gefangenen Lachses an den Fluss

Traditioneller Lachsfang

Die im Pazifik erwachsen gewordenen Lachse kehren in genau den Flussarm zurück, in dem sie aufgewachsen sind. Wenn sie das Salzwasser des Meeres verlassen, tummeln sie sich so lange in der Flussmündung, bis sie sich so weit entwickelt haben, dass sie wieder im Süßwasser schwimmen können. In manchen Flussmündungen, wo sich Ebbe und Flut abwechseln, haben Indigene steinerne Fischreusen erbaut. Zieht sich dann bei Ebbe das Wasser zurück und wurde genug Fisch gefangen, öffnen die Fischer die Tore und lassen die nicht benötigten Lachse frei.

Nach ihrer Verwandlung verlassen die Lachse das Meer und treten ihre Reise zu den Flussarmen, in denen sie geboren wurden, an. Dort werden sie laichen und sterben. Ihre Körper zerfallen und geben dem Fluss wichtige Nährstoffe zurück, die dem Ökosystem zugutekommen. Indigene Fischer warten ein paar Tage, bevor sie mit dem Fischen beginnen – sie entnehmen weder die ersten noch die letzten Fische. Sie achten darauf, dass die kräftigsten Lachse durchkommen, damit diese ihre Heimatflussarme erreichen können, um sich dort fortzupflanzen. Und wenn es genug zum Essen und reichlich geräucherten Lachs gibt, um über den Winter zu kommen, wird nicht mehr weitergefischt.

Archäologen und Archäologinnen bei einer Grabung auf *Smokehouse Island*. Sie ist Teil eines Gemeinschaftsprojektes von der *Lake Babine Nation* und der University of Northern British Columbia

SMOKEHOUSE ISLAND, *DIE RÄUCHEREIINSEL*

Vor etwa tausend Jahren erbauten die Vorfahren der Babine im Norden von British Columbia eine künstliche Insel aus Holz und Stein. Sie liegt genau dort, wo der Babine-See sich zum Babine-Fluss verengt, um dann bis zum Pazifik zu fließen. Diese technische Meisterleistung ermöglichte es, die aus dem Meer zurückkehrenden Lachse durch einen Fischzaun in einen bestimmten Flussarm zu schleusen. Smokehouse Island wird wie zu Zeiten der Vorfahren auch heute noch zum Lachsfischen und Lachsräuchern genutzt. Durch das Räuchern wird der Lachs für die Wintervorräte haltbar gemacht.

Die Lachsverteidiger: Fort Folly First Nation

Die Bay of Fundy liegt an der Ostküste Kanadas zwischen Nova Scotia und New Brunswick. Sie ist die Heimat einer ganz bestimmten Lachsart, die Inner-Bay-of-Fundy-Atlantic-Lachs genannt wird und zu den bedrohtesten Tierarten im östlichen Nordamerika zählt.

Auch diese besondere Lachsart verbringt die ersten Jahre ihres Lebens in Flüssen und Bächen. Wie der pazifische Lachs wandert sie dann in die Meere, um dort auszuwachsen. Anschließend kehrt sie in ihre Geburtsbäche zurück, um zu laichen. Aber im Gegensatz zum pazifischen Lachs stirbt der atlantische Lachs nicht nach dem Laichen, sondern schwimmt zurück ins Meer und bleibt dort bis zum darauffolgenden Jahr. Ein ausgewachsener Lachs wiederholt diesen Ablauf mehrmals in seinem Leben.

Früher gab es Tausende von Inner-Bay-of-Fundy-Atlantic-Lachsen. Niemand weiß, warum, aber in den letzten Jahren sind nur weniger als zweihundert dieser Lachse in die Flüsse zurückgekehrt. 2003 wurde die Art als „gefährdet" in die Liste des kanadischen Gesetzes zum Schutz gefährdeter Tierarten aufgenommen.

Die Mi'kmaq aus Fort Folly haben sich mit Forschenden und Universitäten zusammengeschlossen, um diese spezielle Lachsart zu retten. Wenn die Eier zu Jungfischen herangewachsen sind, helfen die Bewohnerinnen und Bewohner von Fort Folly dabei, sie aus den Flüssen im *Fundy National Park* und aus dem Wassereinzugsgebiet des Petitcodiac River herauszunehmen. Dann bringen sie die Jungfische in die weltweit erste Meeresnaturschutzfarm für Wildlachse, die auf der Grand-Manan-Insel in der Bucht von Fundy errichtet wurde. Sind die Lachse zum Laichen bereit, werden sie freigelassen, um in ihre Geburtsflüsse zurückzuschwimmen.

Die Menschen hoffen, dass diese Fische genug Nachwuchs zeugen, um den Selbsterhalt des Wildlachsbestandes wieder in Gang zu bringen und die gesunde Lachspopulation langfristig zu stärken. Ob das gelingen kann, ist noch nicht klar.

Bedrohter atlantischer Wildlachs wächst in der weltweit ersten Meeresnaturschutzfarm für Wildlachs in Dark Harbour auf der Grand Manan Island, New Brunswick, heran

DIE SWINOMISH: DAS VOLK DES LACHSES

Die Swinomish, die im heutigen Staat Washington leben, nennen sich selbst das Volk des Lachses. Wenn im Mai die Fischsaison beginnt, versammeln sich alle am Strand zur Erster-Lachs-Zeremonie. Die Zeremonie endet damit, dass je ein Boot mit einem Lachs nach Norden, nach Osten, nach Westen und nach Süden fährt. Die Fische werden behutsam ins Wasser zurückgesetzt, begleitet von einem Bittgebet, sie mögen den anderen Fischen erzählen, wie gut sie behandelt wurden.

Die Lachssaison dauerte früher bis in den Dezember hinein. Heutzutage dauert sie nur noch wenige Tage. Das hat viele Gründe, ein Hauptgrund sind die Auswirkungen des Klimawandels. Die Flüsse, in denen die Lachse laichen, erwärmen sich. Die Zusammensetzung des Meerwassers verändert sich, denn die Meere nehmen etwa ein Drittel des durch Autos, Flugzeuge und Fabriken produzierten Kohlendioxids auf. Das schadet den Meerestieren, da die Schalen von Muscheln, Austern und Seeigeln durch die entstandene Übersäuerung zersetzt werden. Und es gibt immer mehr verheerende Stürme.

Die Swinomish sehen die Auswirkungen des Klimawandels und arbeiten daran, den Lachsen und anderen Lebewesen etwas zurückzugeben. Zum Beispiel setzen sie die Gezeitengebiete und die von den Lachsen genutzten Kanäle wieder in Stand. Lachse brauchen zum Laichen kaltes, sauberes Wasser. Also pflanzen die Menschen Bäume entlang der Flussufer, die das Wasser kühlen und den Hitzestress für die Fische mindern. Zudem stellen die Swinomish die Austernbänke wieder her und planen den ersten modernen Muschelgarten in den USA. Sie nutzen Wildkameras, um zu überwachen, wie viele Hirsche und Rehe sie jagen können, ohne den Bestand zu gefährden. Der Schutz der heimischen Pflanzen hilft auf natürliche Weise dabei, den Einfluss der Gezeiten zu regeln, weil die Wurzeln das Land befestigen, das bei Flut unter Wasser steht.

Blick über den Swinomish-Kanal von La Conner, Washington, auf den Fischerhafen der Swinomish Reservation

MUSCHELGÄRTEN

Die Küsten-Salish aus British Columbia glauben, dass es einmal ein Mädchen gab, das beim Muschelgraben die Flut nicht bemerkte. Das Wasser begrub sie und sie wurde zur Jungfrau der Meere, einem Geisterwesen, das die Menschen vor Gefahr warnt – und zu einer ständigen Erinnerung daran, die Kraft des Meeres zu achten.

Seit Tausenden von Jahren sind Schalentiere ein wichtiger Teil der Ernährung der Squamish in Vancouver, der Tlingit auf den vorgelagerten Inseln und an der Küste Süd-Alaskas sowie der Inuit aus Qikiqtarjuaq auf Baffin Island. Muscheln sind eine schmackhafte Quelle für Proteine und gesunde Mineralstoffe, egal ob sie roh, gekocht, gebacken, in Fischöl gebraten, gedünstet, geröstet, in Suppen oder getrocknet verspeist werden.

Aus den Muschelschalen fertigten die Küstenbewohnerinnen und -bewohner Löffel, Kellen oder Suppentassen. Die scharfen Kanten der Muscheln wurden benutzt, um Schmuckstücke und Glas zu schnitzen.

Ein Mitglied der Küsten-Salish zeigt Bündel von Manila-Muscheln in Buckley Bay auf Vancouver Island, British Columbia

Indigene Menschen beobachteten, welche Lebensbedingungen Muscheln bevorzugen. Anschließend bauten sie künstliche Muschelgärten, die genau diese Bedingungen nachahmten: Sie errichteten Steinmauern entlang der niedrigsten Gezeitenlinie der Meeresbuchten und vergrößerten so die Flächen, auf denen Muscheln wachsen. Sie lernten, wann sie die Anzahl der Muscheln ausdünnen mussten, damit jede einzelne genug Platz zum Wachsen hat und um zu verhindern, dass sich die Muscheln gegenseitig mit Krankheiten anstecken. Sie lernten, wann sie dem Biotop etwas hinzufügen mussten und wie viele Muscheln sie ernten konnten, ohne den Bestand für die Zukunft zu gefährden. Diese Vorgehensweise war so erfolgreich, dass manche dieser Muschelgärten seit dreitausend Jahren gedeihen!

Sich auf das alte Wissen über Wasserkultur zurückzubesinnen und es mit modernen Forschungsmethoden zu verbinden, ist heutzutage ein fortlaufendes Projekt der Jugend. Die Muschelgärten im Gebiet der W̱SÁNEĆ in British Columbia sind Tausende von Jahren alt. Zwischen 2014 und 2019 haben sich die W̱SÁNEĆ mit Parks Canada, einer Regierungsorganisation, die unter anderem Naturerbe schützt, für das Clam Garden Restauration Project zusammengeschlossen. Es ist das erste Projekt dieser Art: Älteste, Erntehelferinnen und Erntehelfer und Jugendliche der W̱SÁNEĆ und Hul'q'umi'num stellen die Muschelgärten wieder her, indem sie den bevorzugten Lebensraum von Miesmuscheln, Austern, pazifischen Kleinhalsmuscheln, Pferdemuscheln und grabenden Muscheln (wie zum Beispiel den Geoduck) nachbilden.

DAS GESCHENK DER PFLANZEN

Unser Leben ist eng mit dem der Pflanzen verflochten: Pflanzen und Bäume brauchen Kohlendioxyd und geben Sauerstoff ab. Wir atmen Sauerstoff ein und geben Kohlendioxid ab.

Die Pflanzen (genauso wie Wild, Fische und Vögel), die auf unserem Land gedeihen, nennen wir „country food“, also Lebensmittel vom eigenen Land, und viele indigene Gemeinschaften wenden sich ihnen wieder vermehrt zu. Im hohen Norden sind Gänse, Robben, Forellen, Blaubeeren und Moltebeeren nur einen paar Beispiele für Lebensmittel vom eigenen Land. Im Südwesten genießen die Menschen Pinienkernen, Regenbogenforellen oder Truthahn. Und in den Prärien können schmackhafte Prärierüben, wilder Reis, Blaubeeren und Wild Teil des Speiseplans sein. In den östlichen Waldgebieten gibt es jede Menge Leckereien aus Ahornsirup: Ahornkuchen, Ahornzucker und Ahorntoffee. Erdbeeren gehörten früher ebenfalls zu den Lebensmitteln vom eigenen Land, wurden dann aber von Menschen zu Zuchtfrüchten gemacht, die in vielen Gebieten angebaut werden können. Sie werden „Herzbeeren“ genannt und sind aufgrund ihres Geschmacks nach wie vor sehr geschätzt.

DIE ERSTE WILDE ERDBEERE

Du liegst auf dem Boden und spürst, wie die kalte Feuchtigkeit Deine Jeans durchdringt. Der winterliche Schnee ist zwar gerade erst geschmolzen, aber Du erwartest voller Ungeduld den Frühling. Vorsichtig schiebst Du das alte, tote Gras aus dem letzten Jahr beiseite, um zu sehen, ob sich die ersten Erdbeerblätter schon zeigen.

Sky Woman („Himmelsfrau"), Ölgemälde von Ernest Smith (Seneca), Tonawanda Reservation, 1936

Du kennst die Geschichte gut: Als Sky Woman auf die Erde fiel, brachte sie Erdbeeren mit. Und als ihre Tochter starb und Sky Woman mit gebrochenem Herzen ihr Kind begrub, wuchsen aus dem Herzen des Mädchens Erdbeeren. Kein Wunder, dass sie „Herzbeeren" genannt werden.
Die Ältesten haben Dich gelehrt, dass wilde Erdbeeren ein Geschenk sind. Niemand hat sie angepflanzt. Sie haben die Form von kleinen Herzen und ihre Wurzeln sind lang wie Adern, die sich durch die Erde bahnen.
Endlich kommt der Tag, an dem Du die ersten zarten Blätter sehen kannst und später die ersten harten, gelben Beeren. Du musst Dich zwingen, zu warten, bis sie reif sind.
Wenn es so weit ist, pflückst Du sie behutsam und trägst sie nach Hause. Die meisten Beeren werden für den Winter getrocknet. Deine Mutter gibt Dir Beerensaft, um Dich zu stärken.
Du kannst Dich nicht zurückhalten und isst eine Handvoll Beeren, nachdem Du Deinen Korb gefüllt hast. Deine Großmutter sieht die Saftspuren an Deinem Mund, aber sie schimpft nicht. Sie lächelt. „Ich habe auch wilde Erdbeeren gepflückt."

Ein Sts'ailes-Großvater und sein Enkel sammeln Brombeeren

Wildpflanzen zu ernten war nicht der einzige Weg, um die Ernährung zu sichern. Unsere Vorfahren lernten auch, wie sie Pflanzen anbauen konnten, und entdeckten so die Landwirtschaft. Vor etwa 12.500 Jahren begannen die Menschen, die Samen wilder Pflanzen zu sammeln, den Boden zu bearbeiten und Gärten anzulegen. Es gibt viele Theorien darüber, warum unsere Vorfahren begannen, Pflanzen anzubauen. Sicher wissen wir, dass die Menschen seither durchgehend Pflanzen gezüchtet haben.

DIE GESCHENKE DER PFLANZEN

Unsere Vorfahren nutzten Pflanzen zu sehr vielen Zwecken. Hunderte von Arten wurden als Medizin verwendet. Aus Pflanzenfasern wurden Fischernetze geknotet, die Schwimmer daran bestanden aus Flaschenkürbissen. Der Saft des Kanadischen Blutwurzes, einer kleinen weißen Blume, die im östlichen Nordamerika zu Hause ist, wurde als Färbemittel genutzt.
In den Algonquin-Gemeinden war die Blüte des Blutwurzes ein Symbol für Liebe. Die Männer trugen aus Blutwurz hergestellte Farbe, wenn sie eine Braut umwarben.

Samenkapseln mit Baumwolle an einem Kapok-Baum, auch als Heiliger Ceiba-Baum bekannt

Eine indigene Tzotzil-Frau, die einen traditionellen Huipil auf einem Webrahmen herstellt

Bereits vor rund fünftausend Jahren nutzten die Olmec in Mexiko die Samen eines kleinen wilden Baums oder Strauchs, um Baumwollpflanzen zu züchten. Dann ernteten sie die Baumwollsamenkapseln und spannen die Fasern mit Hilfe von Handspindeln. Aus den Fäden wurden Stoffe gewebt. Indigene Menschen waren schon immer großzügig mit ihrem Wissen, da es immer gut ist, Erfahrungen zu teilen und anzupassen. Daher ist es nicht überraschend, dass der Anbau von Baumwolle und die Webverfahren schnell von den Menschen in den weiter im Norden liegenden Gebieten übernommen wurden.

Manchmal bauten die Menschen auch Pflanzen an, um Musikinstrumente herzustellen, zum Beispiel Flaschenkürbisse, oder einfach nur wegen der Schönheit der Blüten.

Und natürlich wurden Pflanzen als Nahrungsmittel angebaut. Wenn Du das nächste Mal Kartoffeln, Tomaten, Schokolade, Erdnüsse, Süßkartoffeln, Sonnenblumen, Paprika, Ananas, Avocados, Bananen, Erdbeeren, Pekannüsse oder scharfe Jalapeños genießt, denke daran, dass sie aus Nord- und Südamerika stammen und Geschenke der indigenen Landwirte und Gärtnerinnen sind, die sie zuerst anbauten.

Die Drei Schwestern

Funde in einer Höhle in Oaxaca, Mexiko, beweisen, dass die Menschen dort bereits vor mindestens 10.700 Jahren Speisekürbisse anbauten. In derselben Gegend wurden vor etwa 7000 Jahren Maispflanzen kultiviert und vor etwa 5000 Jahren wuchsen Bohnen in ihren Gärten. Durch das genaue Beobachten und Experimentieren lernten die Menschen über Jahre hinweg, dass diese Pflanzen am besten wachsen, wenn die Samen im selben Beet angebaut werden. Gemeinsam sind Mais, Kürbis und Bohne als die Drei Schwestern bekannt. Drei-Schwestern-Gärten verflechten alle Grundsätze indigenen Wissens miteinander: Sie werden als heilig betrachtet. Wir bedanken uns bei ihnen mit Zeremonien wie den Green Corn Festivals (Grüner-Mais-Festivals), auch *Busks* genannt, die quer durch Nordamerika stattfinden. Die Drei Schwestern stehen auch für Verbundenheit, denn zusammen geht es den Pflanzen besser als getrennt.

Das Wissen um die Drei Schwestern wird durch die Geschichten, die sich die Menschen der Landwirtschaft treibenden indigenen Kulturen erzählen, am Leben erhalten. Auch wenn jede Nation die Geschichte auf ihre eigene Weise weitergibt, sind die Pflanzen immer Frauen und meistens auch Schwestern. Eine Geschichte handelt von einer in Gelb gekleideten Frau mit langem, wallendem Haar. Sie hat zwei Schwestern – die eine trägt Grün, die andere Orange. Im tiefsten Winter suchten die drei Schutz in einer Unterkunft. Dort wurden sie von Menschen aus der Umgebung entdeckt und obwohl diese selbst nur wenig zu essen hatten, teilten sie es mit den Schwestern. Später gaben die Schwestern ihre wahre Gestalt preis und zeigten sich als Mais, Bohne und Kürbis. Sie belohnten die Menschen für ihre Großzügigkeit mit Saatgutbündeln, damit sie nie wieder Hunger leiden müssen.

„Ich liebe es, jeden Tag von Kunst umgeben zu sein", sagte Shawnee Martinez. Die siebzehnjährige Oberstufenschülerin wirkte im Rahmen ihres Sommerjobs an einem Wandmosaik am *Albuquerque Convention Centers* mit. Der Teil, an dem Shawnee mitgearbeitet hat, heißt „Die Drei Schwestern" und zeigt Mais-, Bohnen- und Kürbispflanzen. Die Frau im Mosaik ist Maria Martinez, die berühmte Töpferin aus dem Pueblo San Idelfonso, New Mexico, USA

Die Drei-Schwestern-Anbaumethode, bei der die Bohnen an den Maispflanzen emporranken und der Kürbis sich auf dem Boden ausbreitet

DAS GESCHENK DES MAIS

Wildmais gibt es nicht. Mais ist ein Beispiel für indigene Beobachtungskraft und Experimentierfreudigkeit. Mais hat sich fast bis in die abgelegensten Gegenden Nordamerikas – und der ganzen Welt – ausgebreitet und ist für viele Menschen heute ein Grundnahrungsmittel. Mais wurde wahrscheinlich aus der Wildgrasart Teosinte gezüchtet. Deren Ähre besteht aus einer steinharten Schale, in der sich zwölf Körner befinden. Vermutlich hat vor ungefähr neuntausend Jahren jemand im südlichen Mexiko beim Gärtnern eine Teosintepflanze entdeckt, bei der die Körner etwas hervorlugten oder die mehrere verschlungene Ähren hatte oder eine mit mehr Kornreihen als andere. Diese wurde dann wohl mit einer anderen alten Teosinte-Art gekreuzt. Über die nächsten tausend Jahre beobachteten Hunderte von Gärtnerinnen und Gärtnern die Pflanze und experimentierten mit ihr, um die Form zu züchten, die wir heute als Mais kennen.

Geschichten über die Drei Schwestern gibt es seit den alten Zeiten. Sie sind so bedeutungsvoll, dass sie immer in Ehren gehalten wurden, auch wenn die Umstände schwierig waren. Im Jahr 1838 wurden die Cherokee von der Regierung der Vereinigten Staaten von Amerika zusammengetrieben und gezwungen, ihr Land in Georgia zu verlassen. Sie mussten mitten im Winter den ganzen Weg bis nach Oklahoma, etwa 3200 Kilometer, zu Fuß zurückzulegen. Dreitausend Menschen starben. Diese Tragödie wird der „Pfad der Tränen" genannt. Eine Cherokee-Variante der Geschichte über die Drei Schwestern stammt aus der Zeit der Vertreibung und erzählt davon, wie die Frauen ihr Wissen mit sich nahmen, damit sie, einmal im Oklahoma-Gebiet angekommen, dort Mais, Bohnen und Kürbisse anpflanzen konnten.

Üblicherweise wird zuerst Mais angepflanzt. Die weißen Ähren werden grün, sobald sie vom Sonnenlicht berührt werden. Wenn die Maispflanze groß genug ist, werden um sie herum Bohnen gesät. Würden die schnellwachsenden Bohnen alleine angepflanzt, könnten sie den ganzen Garten überwuchern. Aber Mais und Bohnen zusammen – das ist eine andere Geschichte. Bohnen brauchen ihre Zeit, um ans Licht zu finden. Währenddessen sind sie durch ihre Samen gut versorgt. Und sie geben Stickstoff an den Boden ab. Die starken Maisstängel geben den zarten kletternden Bohnenreben Unterstützung, wenn sie dem Sonnenlicht entgegenstreben. Als letzte „Schwester" wird Kürbis gepflanzt. Er unterdrückt das Wildkraut und sein Schatten hält den Boden frisch. Außerdem mögen Rehe und andere Tiere keinen Kürbis, also halten sie sich von den Drei Schwestern und den Gärten fern.

Der Sioux-Chefkoch SEAN SHERMAN, Oglala Lakota

Sean Sherman nennt sich selbst „Sioux Chef". Er vermittelt Wissen über indigene Nahrungsmittel und Gerichte, die mit auf indigene Weise kultivierten Zutaten zubereitet werden. Er vermeidet Weizenmehl, Milchprodukte, Rohrzucker, Rindfleisch, Schweinefleisch oder Huhn. Stattdessen nutzt er zum Beispiel Zutaten wie wilde Bärentrauben und Eicheln von der Westküste, um Pudding zuzubereiten, Seegras aus Maine, um atlantische Austern zu würzen, oder Zederzypresse aus Minnesota, um gebratenes Wild zu verfeinern. Er verwendet unter anderem Prärierüben, Wildreis, Ingwer, Senf, Topinambur, Bisamratten und Fisch aus dem Lake Superior. Diese Zutaten sind nicht nur köstlich, sie stecken auch voller Vitamine, Mineralien und gesunder Ballaststoffe.

Sean Shermans Team besteht aus Anishinaabe, Mdewakanton Dakota, Navajo, Nördlichen Cheyenne, Oglala Lakota, Sisseton Wahpeton Dakota sowie einem wachsenden Netzwerk von, wie er sagt, Abenteurern, Wildbeutern und Essensliebhabern. Alle teilen den Wunsch, die Küche ihrer Vorfahren wiederzubeleben. Sie gründeten den gemeinnützigen Verein North American Traditional Indigenous Food Systems, um Leuten die Möglichkeit zu geben, etwas über die indigene Küche zu lernen, und um mit dem Aufbau von Restaurants, Gaststätten und Imbisswagen in ihren indigenen Gemeinden beginnen zu können.

EIN REZEPT FÜR INTELLIGENTE ERNÄHRUNGSWEISEN

Netukulimk ist ein Wort aus der Sprache der Mi'kmaq, das den Respekt für die Schätze der Natur ausdrückt. Netukulimk geht von dem Grundsatz aus, nur das zu nehmen, was gebraucht wird, und nichts zu verschwenden. Wenn Du Pflanzen sammelst oder jagst oder fischst, nimm nie das Erste, was Du findest, denn es besteht die Möglichkeit, dass es nicht mehr als das gibt. Nimm auch nicht das Letzte von dem, was Du findest, denn dann wird es in Zukunft vielleicht nichts mehr davon geben.

Erhalte die Vielfalt. Eine unserer wertvollsten Quellen für die Vielfalt sind unsere alten Samen. Früher wurden viele verschiedene Samen genutzt – es gab verschiedene Sorten von Mais, Kürbissen und Bohnen. Indigene Landwirtinnen und Landwirte gründen inzwischen Schutzgebiete und Samenbänke, um die Pflanzenarten, die unsere Vorfahren ernährten, und die Samen, die sie säten, zu retten.

Ehre die Verbindungen. Erinnere dich daran, wie wir mit allem Lebendigen verbunden sind. Arten wie Bienen, Fliegen, Motten, Schmetterlinge, Wespen, Kolibris und Fledermäuse bestäuben fast drei Viertel der Pflanzen weltweit. Die Pflanzen ernähren die Bestäuber. Wenn wir uns um die Umwelt der Bestäuber kümmern, kümmern wir uns gleichzeitig um unsere eigene Nahrungsmittelversorgung.

Insektenforscher DR. KYLE BOBIWASH, Anishinaabe Nation

Als Junge liebte es Kyle Bobiwash, kriechenden Insekten zuzuschauen und Schmetterlinge zu fangen, um ihr Verhalten zu beobachten. Später studierte er an der Universität und begann seine Karriere als Entomologe (Insektenforscher). Heute ist er Professor an der Universität von Manitoba. Bei seiner Forschung geht es darum, herauszufinden, wie sich nützliche Insekten positiv auf die Landwirtschaft und insgesamt auf die Landschaft auswirken.

Indigenes Wissen über Wasser, Feuer und Nahrungsmittel ist eng mit dem Gesundheitskreislauf verbunden, der alles auf der Erde umfasst. Im nächsten Kapitel werden wir Möglichkeiten der Heilung betrachten – nicht nur für Einzelpersonen, sondern auch für Gemeinschaften, für Nationen und für die Erde selbst.

KAPITEL 5

WAS WIR ÜBER HEILUNG WISSEN

KARTENLEGENDE:

1. Bighorn Mountains (Ort) (S. 77)
2. Blackfoot Reserve (S. 77)
3. Saint Norbert, Manitoba (Ort) (S. 78)
4. Blackfeet (S. 79)
5. Cahokia (S. 79)
6. Mandan, Arikara, Hidatsa (S. 80)
7. Kainai (S. 81)
8. Piikani (S. 81)
9. Tulalip (S. 82)
10. Orcas (S. 83)
11. Southeast Alaska Tribes (S. 83)
12. Lutsel K'e Dene First Nation (S. 84)
13. Wabanaki (S. 85)

Die Karte dient der Orientierung und ist nicht maßstabsgetreu angelegt

Seit jeher gibt es bei uns Frauen und Männer, die das Wissen hüten, das ihnen von früheren Generationen überliefert wurde. Sie wussten, aus welchen Pflanzen Medizin hergestellt werden kann, um Schmerzen zu lindern, um unruhige Mägen zu beruhigen und um Kopfschmerzen zu behandeln. Sie wissen auch, wie Brüche geheilt werden können. Archäologinnen und Archäologen fanden in Süd- und Mittelamerika verschiedene Nachweise, dass dort schon vor langer Zeit komplizierte Operationen durchgeführt wurden. Dieses Kapitel handelt aber weder von diesen Fähigkeiten noch von Arzneimitteln, sondern davon, wie indigene Menschen über Gesundheit und Heilung denken.

Damit ein Lebewesen gesund sein kann, braucht es Harmonie – Harmonie zwischen dem Körper, dem Verstand und dem Geist einer Person, Harmonie zwischen den Menschen, Harmonie zwischen Gemeinschaften und Harmonie mit der Erde. Indigene gestalten ihre Heilverfahren so, dass sie diese Harmonie wiederherstellen, wenn sie verloren gegangen ist.

Gemeine Schafgarbe (*Achillea millefolium*)

Blühende Weidenröschen in der Wildnis des Yukon

INNERE HARMONIE

Das Medizinrad und die Schwitzhütte sind seit Jahrhunderten in Gebrauch, sie helfen Kranken und Menschen in Not.

Das Medizinrad

Das Medizinrad wird auch manchmal Heiliger Ring genannt. Er kann in Form eines Kunstwerks, zum Beispiel eines Gemäldes, dargestellt oder auch mit natürlichen Elementen gestaltet werden. In jedem Fall ist der Kreis ein Symbol für Beständigkeit, ohne Anfang oder Ende. Der Kreis steht für die Gesamtheit, für die stete Bewegung und für die Einheit.

Draußen wurden Medizinräder immer auf der Spitze einer Anhöhe, auf einer Hügelkuppe oder auf einem Berggipfel erbaut. Immer dort, wo es einen guten Blick zum Horizont gab. Diese Bauwerke aus Stein waren Orte, an denen spirituellen Anführerinnen und Anführer heilige Zeremonien durchführten oder an die sich ein Mensch zurückziehen konnte, um eine Opfergabe zu erbringen, um zu beten und um Heilung zu finden. Zusammen mit den Opfergaben ließ er dort auch seine Sorgen zurück.

Verteilt über die nördlichen Prärien erbauten unsere Vorfahren fast 150 Medizinräder. Alle bestehen aus einem steinernen Ring mit Speichen, die mit einem zentralen Steinhaufen verbunden sind. Auf den Steinhaufen in der Mitte des Medizinrads von Majorville, nahe des Blackfoot-Reservats südlich von Bassano, Alberta, Kanada, wurden die ersten Steine schon vor etwa 5300 Jahren abgelegt. Der Steinhaufen ist durch achtundzwanzig Speichen mit dem umgebenden Kreis verbunden. Es gibt dort bis heute Spuren von Opfergaben wie Duft-Mariengras, Weide, Stoff und Tabak, die von Personen hinterlassen wurden, die dort an Heilungszeremonien teilgenommen haben. Auch *iinisskimmiksi* – „Steine, die den Bison rufen" – finden sich dort. Vielleicht stammen sie von Menschen, die das Medizinrad besuchten, um für eine erfolgreiche Jagd zu beten.

Medicine Mountain National Historic Landmark in den Bighorn Mountains in Wyoming, USA

Die Schwitzhütte

Meine Piikani-Vorfahren nutzten die Schwitzhütte, um sich zu reinigen, aber auch als zeremoniellen Raum. Wenn wir an einer Schwitzhütten-Zeremonie teilnehmen, erneuern wir unsere Verbindung mit dem Medizinbündel. Es steht im Zentrum der Schwitzhütten-Zeremonie. Diese Zeremonie reinigt den Körper, den Verstand und die Seele, um das Gleichgewicht in unserem Leben wiederherzustellen.

Die Schwitzhütten der Piikani wurden aus Weidenzweigen gebaut. Sie wurden in einem Kreis aufgestellt, dann zur Mitte hin gebogen und miteinander verflochten, damit sie zusammenhalten. Dieses Gerüst wurde mit Bison- oder Rehhäuten bedeckt, sodass ein niedriger, gewölbter Raum entstand. Heutzutage werden immer noch Weidenzweige für das Gerüst benutzt, aber abgedeckt wird die Schwitzhütte mit Planen aus Zelttuch.

Meine Vorfahren stellten Werkzeuge aus Stein her, daher wussten sie viel über die verschiedenen Gesteinsarten. Sie benutzten Vulkangestein, um die Schwitzhütte zu erhitzen. Diese Steine speichern die Hitze und sind die einzigen, die nicht zerbrechen, wenn sie mit kaltem Wasser übergossen werden. Diesem Brauch folgen wir heute noch.

Die Vorbereitung einer Schwitzhütten-Zeremonie beginnt damit, dass ein Holzstapel, in dem die Steine liegen, entzündet wird. In dem Feuer werden die Steine erhitzt, bis sie rot glühen. Dann werden sie in eine kleine Grube in der Mitte der Schwitzhütte gelegt und der Eingang wird geschlossen. Wasser wird über die heißen Steine gegossen, um Dampf zu erzeugen.

Sechs bis acht Menschen sitzen in der Schwitzhütte und singen bestimmte Lieder. Sie sprechen Gebete und reichen eine mit Tabak gefüllte Pfeife herum. Die Zeremonie wird viermal wiederholt. Zwischen den Wiederholungen wird die Tür geöffnet, damit die Hitze entweichen kann.

Für die Schwitzhütten-Zeremonie muss Holz gesammelt werden. South-Dakota, USA

Schwitzhütte in Saint Norbert, Manitoba, Kanada

Der Hüter des Wissens über Schwitzhütten CRAIG FALCON, Blackfeet

Craig Falcon ist Referent für kulturelle Bildung und lehrt überall in Nordamerika. Heute unterstützen die Schwitzhütten-Zeremonien unter anderem die Heilung von Menschen in psychischen Notlagen. Craig Falcon führt Schwitzhütten-Zeremonien für Menschen durch, denen der Übergang von ihrer Zeit beim Militär zurück ins zivile Leben aufgrund einer posttraumatischen Belastungsstörung (PTBS) schwerfällt. Er erklärt: „Aus einem Krieg bringt man immer Eindrücke und Erfahrungen mit und manche davon sind gar nicht gut ... Zeremonien helfen, solche Belastungen abzuwaschen, sie dahin zurückzusenden, wo sie hergekommen sind, und verwandeln dich wieder in die Person, die du bist." Das U.S. Department of Veteran Affairs, eine Behörde, die sich um ehemalige Soldatinnen und Soldaten kümmert, hat den Wert von Schwitzhütten für indigene Armeeangehörige seit den 1990er Jahren anerkannt. Beispielsweise bietet das Spokane Veteran Center, USA, Schwitzhütten-Zeremonien für indigene und nicht-indigene Veteranen, die an PTBS leiden, an.

Die Harmonie durch Spiele wiederherstellen

Spiele als Medizin? Tatsächlich trainieren Spiele wie Lacrosse und Doppel-Ball die persönliche Kraft und den Gemeinschaftsgeist der Spielerinnen und Spieler. Spiele wurden auch als zeremonieller Kampf ausgetragen, um Streitigkeiten beizulegen, um diplomatische Bündnisse zu stärken oder um die Harmonie zwischen Gemeinschaften wiederherzustellen. Das Chunkey-Spiel wurde wahrscheinlich erstmals im 11. Jahrhundert in der Stadt Cahokia, in der Nähe des heutigen St. Louis, Missouri, gespielt. Vermutlich hat es sich von da aus als eine Möglichkeit, Streit zu schlichten, bis an die Ostküste verbreitet.

Spieler von First-Nations-Teams messen sich im Lacrosse-Spiel in Montreal, Kanada

Bei einem der traditionellen Spiele der Mandan, Arikara und Hidatsa werden Pfeile geworfen. Auf der Fort Berthold Reservation, North Dakota, werden die Regeln des Spiels an die Kinder weitergegeben

CHUNKEY SPIELEN

Deine Brüder und Du streitet Euch mit einer anderen Familie über zwei schnelle Pferde. Den Ältesten reicht es: Ein Chunkey-Spiel soll den Streit schlichten, bevor es zu Handgreiflichkeiten kommt. Du wirst gegen einen Deiner Feinde spielen.

Eine Menschenmenge hat sich entlang der Chunkey-Spielbahn angesammelt. Als Du Deinen Platz einnimmst, werden die Wetten leiser. In Deiner Hand hältst du einen Stab aus Hickoryholz, der mit Kerben versehenen und mit Bärenöl eingerieben ist.

Du verlagerst Dein Gewicht von einem Fuß auf den anderen. Deine Brüder nicken Dir ermutigend zu. Dein Großvater hat die ehrenvolle Aufgabe, den Chunkey-Stein in das Spielfeld zu tragen. Er überreicht Dir den Stein. Du schleuderst ihn das Spielfeld hinab und das Spiel beginnt.

Ein Spieler aus dem Gegnerteam und Du rennt dem Stein hinterher und sobald Ihr den Eindruck habt, dass der Stein zum Stillstand kommt, schleudert iIhr beide eure Stäbe in Richtung Stein. Der Stab des anderen Spielers landet näher am Stein, also bekommt er einen Punkt.

Am Ende des Spiels bist Du in Schweiß gebadet. Der andere Spieler hat mit zwölf Punkten Abstand gewonnen, aber wenigstens wurde euer Groll beigelegt. Es wird von Euch erwartet, dass Ihr Euch von jetzt an vertragt. Du bist Dir sicher, dass Deine Ältesten dafür sorgen werden!

Chunkey-Stein aus der Zeit vom 13. bis 15. Jahrhundert. Er hat einen Durchmesser von rund 15 Zentimetern und stammt wahrscheinlich aus dem Gebiet des heutigen Illinois, USA

Das Verflechten von indigenem Wissen und westlicher Wissenschaft

Der Medizinmann DR. LINDSAY CROWSHOE, Piikani

Die kanadische Truth and Reconciliation Commission (TRC, übersetzt etwa Wahrheits- und Versöhnungskommission) forderte unter anderem, dass mehr indigene Menschen für die Arbeit im Gesundheitsbereich ausgebildet werden müssen. Die 17 medizinischen Hochschulen in Kanada und das Indigenous Health Network versuchen gemeinsam, die Anzahl von indigenen Studierenden zu erhöhen.
Dr. Lindsey Crowshoe schloss 1995 sein Medizinstudium an der Universität von Alberta ab. Heute unterrichtet er an der Medizinischen Fakultät der Universität von Calgary, wo er das Indigenous Health Programm leitet. Das Programm unterstützt und fördert indigene Studierende, die sich für den medizinischen Bereich interessieren. Zudem ist er Hausarzt für die indigene Bevölkerung der Stadt Calgary.

Die Medizinfrau DR. ESTHER TAILFEATHERS, Kainai

Dr. Esther Tailfeathers stammt aus dem Blood-Reservat im südlichen Alberta. Schon als Jugendliche half sie freiwillig im örtlichen Krankenhaus mit. Der Wunsch, Menschen zu helfen, führte sie an die medizinische Fakultät der Universität von North Dakota. Ihre Assistenzzeit absolvierte sie an den Krankenhäusern der Universität von Alberta. Seit 2000 ist Dr. Tailfeathers Hausärztin des Blood Tribe. Sie unterstützt die Menschen der Gemeinschaft beim Kampf gegen Drogenabhängigkeit und leitete die gesundheitlichen Maßnahmen während der Corona-Pandemie, vor allem im lokalen Altersheim.
Bereits ihre gesamte Karriere hindurch setzt sie sich für eine bessere Teilhabe indigener Menschen im Gesundheitssektor ein.

IN HARMONIE MIT DER UMWELT – SICH UM DIE GESUNDHEIT DER ERDE KÜMMERN

Indigenen Wissen kann uns helfen, die Umwelt zu schützen, besonders vor den Auswirkungen des Klimawandels.

Vorkämpfer für eine gesunde Erde

DAS TULALIP-BIBER-PROJEKT

Biber bauen Staudämme. Dadurch werden Wasserflächen vergrößert, was Fischen und allen anderen Tieren, die in Feuchtgebieten leben, Vorteile bringt. Biberdämme verringern die Auswirkungen der immer stärker werdenden Stürme. Außerdem entstehen durch die Arbeit der Biber Weideflächen für Rehe, Hirsche und anderes Wild und weitere Lebensräume etwa für Vögel, Frösche und Kröten.

Im 19. Jahrhundert wurden so viele Biber gefangen, dass sie fast ausgestorben wären. Aber jetzt steigt ihre Zahl wieder und es gibt Bereiche, die ihre Hilfe brauchen. Mitglieder des Tulalip Tribe aus Washington, USA, siedeln Biber aus Stadtrandgebieten, wo sie nicht erwünscht sind, in Gegenden um, wo sie sich nützlich machen können, etwa rund um den Snohomish River.

Biologinnen und Biologen der Tulalip bringen Biber, die in der Nähe von Ortschaften Schäden anrichten, in Gebiete, in denen sie ungestört leben können und ihre Dämme positive Auswirkungen auf die Lebensräume haben

Phytoplanktonblüte (sichtbar als türkise Wirbel) vor der Küste Alaskas im Beringmeer

Orcas vor der Küste Alaskas

„AUGEN AUFS WASSER": DAS GEMEINSCHAFTSPROJEKT *SOUTHEAST ALASKA TRIBAL TOXINS* (SEATT)

Phytoplankton sind winzige pflanzliche Meereslebewesen. Viele kleine Fische, aber auch größere Tiere wie Wale ernähren sich von Plankton. Geschulte Mitglieder der Alaska Tribes, die beim SEATT-Projekt mitarbeiten, nutzen ultrafeine Netze und Filterapparate, um Phytoplanktonarten in ihren Küstengewässern zu sammeln, zu bestimmen und zu überwachen. Große Mengen bestimmter Phytoplankton-Arten können Schaden anrichten. Ziel des Projekts ist es, die Meere vor schädlicher Phytoplanktonblüte zu schützen.

DIE LUTSEL K'E DENE FIRST NATION

Die Tundra im nördlichen Teil der Erde ist für alle Lebewesen weltweit wichtig. Ihre Feuchtgebiete, etwa Moore und Sümpfe, nehmen Stickstoff aus der Atmosphäre auf und speichern ihn. Viele Vogelarten nisten in den borealen Nadelwäldern und ziehen dann im Winter weit in den Süden. Auf ihrem Weg fressen sie Insekten oder Beeren und verbreiten Pflanzensamen. Das ausgedehnte Waldgebiet ist auch die Heimat von Bären, Wölfen, Vögeln, Fischen und von manchen der letzten frei umherziehenden Karibuherden, die auf den kargen Böden zu Hause sind. Die Flüsse bringen Nährstoffe ins Meer, von denen sich die Fische ernähren, die wiederum uns ernähren. Die Lutsel K'e Dene First Nation in den Nordwest Territories gehört zu den führenden Kräften bei der Erhaltung eines lebendigen Borealwaldes.

Der Thaydene Nëné National Park ist der jüngste Nationalpark in Kanada. Im Osten grenzt er an den Great Slave Lake. Zwischen Lutsel K'e und dem Rest der Northwest Territories gibt es keine Straßenverbindung

Die Lutsel K'e Dene First Nation hat in Zusammenarbeit mit Nature United, der Nature Confederacy, Parks Canada und der kanadischen Regierung das Thaidene Nëné National Park Reserve, die Territorial Protected Area und die Wildlife Conservation Area zu einem weitläufigen geschützten Gebiet erklärt. Es umfasst 23.376 Quadratkilometer Borealwald und Tundra und die dortigen Gewässer gehören zu den saubersten weltweit.

Die Lutsel K'e Dene sind die Verwalter des Parks und achten darauf, dass alle Besucher das Wasser, das Land und die Flora und Fauna mit Respekt behandeln. Sie bieten Kurse für Schulen zum Thema Umweltschutz an und führen die Besucherinnen und Besucher in traditionelle Bräuche ein.

BÜRGERWISSENSCHAFT

Jeder kann zu unserem Wissensschatz beitragen. Als Bürgerwissenschaftlerin oder -wissenschaftler bezeichnen wir Menschen, die unabhängig von Alter und Lebenswegen mit Fachleuten zusammenarbeiten, um wichtige Informationen zu sammeln. Es gibt verschiedene Möglichkeiten, wie Du Dich ihnen anschließen könntest. Auf der ganzen Welt gibt es Gruppen, die zum Beispiel Bienen, Fische oder Vögel zählen, Schmetterlinge beobachten oder Informationen über die Küstenlandschaften sammeln.
Ein gutes Beispiel dafür ist die Initiative Wabanaki Youth in Science (WaYS).

WaYS begann in Maine: Die Umweltbeauftragten der Nationen, die die Wabanaki („Das Volk des Sonnenaufganges") bilden, waren kurz davor, in den Ruhestand zu gehen. Aber sie wollten sichergehen, dass ihre Plätze von jungen Leuten besetzt würden. Darum brachten sie Studierende aus jeder der Nationen mit erfahrenem Personal zusammen, um gemeinsam an Umweltthemen zu arbeiten. Dazu gehörte zum Beispiel das Zählen von Käfern, die in Wasserproben gesammelt wurden – da deren Zahl ein wichtiger Hinweis auf die Gesundheit des Wassers ist.

Indigenes Wissen ist das Fundament unserer Heilverfahren. Es leitet uns, wenn wir versuchen, die Gesundheit unserer Körper, unserer Gemeinschaften und der Erde wiederherzustellen.

Auch wenn es um den Himmel – das Reich der Himmelswölfe – geht, wenden wir unser indigenes Wissen an.

KAPITEL

6

WAS WIR ÜBER DEN HIMMEL WISSEN

KARTENLEGENDE:

1. Haudenosaunee (S. 90)
2. Old North Trail (Weg) (S. 90)
3. Na̱mgis First Nation (S. 94)
4. ’Na̱mgis (Kwakwaka’wakw) (S. 94)
5. Blackfoot (S. 95)
6. Métis (S. 96)
7. Skidi Pawnee (S. 96)
8. Chaco Canyon Pueblo (S. 97)
9. Pueblo Bonito (Ort) (S. 98)
10. Odawa (Ottawa, Ort) (S. 99)
11. Hopi (S. 99)
12. Cherokee (ursprüngliches Territorium) (S. 100)
13. Nakoda (S. 100)
14. Totale Sonnenfinsternis, Oregon, 2017 (S. 101)
15. LIGO (S. 102)
16. Siksika Nation, Blackfoot (S. 102)

2
6
4
3
13
16
5
10
1
15
14
7
12
8
11
9
Die Karte dient der Orientierung und ist nicht maßstabsgetreu angelegt

Von alters her haben indigene Astronominnen und Astronomen die Sonne, den Mond, die Planeten und die Sterne erforscht und dadurch unsere Karten und unsere Kalender gestaltet, unser gesellschaftliches Zusammenleben geprägt und uns sogar angewiesen, wie wir unsere Häuser bauen sollen.

DEN WEG FINDEN

Der Nachthimmel ist eine Karte, die aus den Positionen des Mondes, der Sterne und der Planeten besteht. Menschen, die den Himmel kennen, können weit reisen. Meine Vorfahren wanderten auf dem *Old North Trail* („Alter Nordweg") – einem der ältesten und längsten Wege der Welt, der vom heutigen Norden Kanadas bis nach Mexiko reichte. Sie legten die Strecke zurück, um Handel zu treiben, um auf eine spirituelle Reise zu gehen oder einfach nur, weil sie wissen wollten, was hinter dem nächsten Hügel liegt. Sie trugen eine gedankliche Landkarte mit sich, die durch die Geschichten, die sie gehört hatten, durch die Erinnerungen an ihre eigenen vergangenen Reisen und durch ihre Kenntnis des Himmels gestaltet war. So waren sie in der Lage, dem 3200 Kilometer langen Weg zu folgen.

Der Polarstern

Meine Piikani-Vorfahren dachten, dass die Erde flach sei und dass sich weit oberhalb der Erde eine flache Himmelswelt befinde. Die Sterne waren Leute, die durch die Nacht reisten – alle bis auf Okiinaa, auch als Polaris, Polarstern oder Nordstern bekannt. Er ist die wichtigste Markierung am Nachthimmel, da er sich im Gegensatz zu den anderen Sternen nicht bewegt. Die Geschichten über Okiinaa wurden vor etwa 1500 Jahren Teil der mündlichen Überlieferung der Blackfoot. Wir wissen das, da heutige Forschende herausgefunden haben, dass zu jener Zeit die Erdachse begann, auf Polaris zu zeigen, der daraufhin als Polarstern bekannt wurde.

Ancestors („Vorfahren") von Brit Ellis aka Blu Hummingbird, Haudenosaunee. Die Künstlerin ehrt durch ihre Perlenarbeit ihre Haudenosaunee-Schöpfungsgeschichte, all ihre Verwandten und Vorfahren in der Himmelswelt sowie das Wissen, das sie in sich tragen

WIE POLARIS ZUM POLARSTERN WURDE

Wenn Du den Polarstern am Himmel findest, kannst Du Dich orientieren. Stell Dir die Erde wie einen Kreisel vor. Unser Planet dreht sich um eine unsichtbare Achse herum – die Erdachse. Wenn Dein Blick von unserer nördlichen Halbkugel aus diese Achse in den Weltraum verlängert, dann zeigt sie auf Polaris. Weil Polaris oberhalb des Nordpols zu finden ist, wird er auch Nordstern oder Polarstern genannt.
Das war nicht immer so und es wird auch nicht immer so bleiben. Die mündlich überlieferte Geschichte von Okiinaa erzählt, wie Polaris vor 1500 Jahren zum Nordstern wurde.
Woher wir das wissen können? Was passiert, wenn Du einen Kreisel anstupst? Er beginnt zu eiern. In ihrer frühen Geschichte stieß die Erde mit einem Asteroiden zusammen. Dieser Zusammenstoß verschob die Achse unserer Erde um 23,4 Grad aus ihrer aufrechten Ausrichtung. Seither eiert unsere Welt in ihrer Umlaufbahn um die Sonne herum. Im Augenblick zeigt die Achse auf den Nordstern. Aber wegen des „Schubsers" verändert sich die Ausrichtung der Achse mit der Zeit. Vor etwa 5000 Jahren war Thuban der Polarstern, der direkt über dem Nordpol stand. In etwa 13.000 Jahren wird der helle Vega zum Polarstern werden. Und in 26.000 Jahren wird die Achse wieder auf Polaris, wie wir ihn nennen, zeigen.

Polaris, auch bekannt als Nordstern, ist umgeben von Molekülwolken, die aus einem komplexen Gemisch von Gas und Staub bestehen

DIE GEBURT DES NORDSTERNS OKIINAA

Eines Nachts im Sommer schliefen zwei junge Frauen unter dem freien Sternenhimmel. Kurz vor der Morgenröte wachten sie auf. Morgenstern leuchtete am östlichen Himmel. „Morgenstern ist so schön! Ich wünschte, er wäre mein Ehemann", sagte eine der beiden. Die andere lachte und sagte: „Solche Träume werden nie wahr."

Doch Morgenstern hatte die Worte der jungen Frau gehört. Er kam auf die Erde herab und nahm sie als seine Ehefrau mit ins Himmelsland.

Sonne, der Vater von Morgenstern, und Mond, Morgensterns Mutter, nahmen die junge Menschenfrau auf. Mond zeigte ihr die Aufgaben, die sie verrichten sollte. Jeden Tag gingen sie mit ihren Grabestöcken los, um Rüben für die Mahlzeiten zu sammeln.

Eines Tages bemerkte die Menschenfrau eine besonders große Rübe. „Lass uns diese hier ausgraben und mit nach Hause zum Kochen nehmen", sagte sie.

Mond aber antwortete: „Das ist eine heilige Rübe, die in der Mitte unseres Himmelslandes wächst. Sie muss bleiben, wo sie wächst."

Da erwachte die Neugier in Morgensterns Ehefrau. Sie wollte wissen, warum diese Rübe so besonders war.

Einige Zeit später bekamen Morgenstern und seine menschliche Ehefrau einen Sohn. Sonne und Mond freuten sich sehr über das Baby. Sie gaben ihrem Enkel den Namen Okiinaa.

Mond und ihre Schwiegertochter zogen erneut aus, um nach Rüben zu graben. Eines Tages, als die Menschenfrau alleine unterwegs war, stieß sie auf die große Rübe. Jetzt war sie sogar noch neugieriger als zuvor. Sie nahm ihren Grabestock, um die Rübe zu lockern, bis sie sie herausziehen konnte. Als sie durch das Loch schaute, das die Rübe hinterließ, sah sie die Welt unter sich und das Dorf, in dem ihre Familie und ihre Freunde lebten. In dem Moment sehnte sie sich nach ihrem alten Leben.

Als sie zurück zu ihrem Tipi kam, sah Morgenstern die Rübe. Er wusste, dass sie einen großen Fehler gemacht hatte.

„Du kannst nicht länger im Himmelsland leben", sagte er. „Du musst zu deinem Volk zurückkehren. Du wirst Mond nicht sehen, wenn du zu deinem Dorf und deiner Familie zurückkehrst. Du darfst Okiinaa mit dir nehmen, aber er darf den Boden nicht berühren, bis Mond voll geworden ist. Sonst wird Sonne ihn in den Himmel zurückholen und ihn in das Loch setzen, aus dem du die Rübe gezogen hast."

Mit Langzeitbelichtung aufgenommene Sternenbahnen um Polaris, auch Nordstern oder Polarstern genannt

Als die Menschenfrau zur Erde zurückkehrte, erinnerte sie sich an Morgensterns Warnung. Sie war sehr bedacht, Okiinaa immer auf ein Bisonfell zu setzen, damit er beim Krabbeln nicht den Boden berührte. Ein Tag bevor Mond voll war, ließ die Menschenfrau Okiinaa in der Obhut ihrer Mutter, um Holz sammeln zu gehen. Für einen Moment war die Großmutter des Jungen unaufmerksam. Sie sah nicht, wie Okiinaa vom Bisonfell krabbelte und sich auf den Boden setzte.
Schnell hob sie ihn hoch und wiegte ihn bis er einschlief. Sie legte ihn auf das Bisonfell zurück und deckte ihn zu. Als ihre Tochter zurückkam, fragte sie nach dem Baby.
„Er schläft unter der der Decke“, sagte ihre Mutter. Aber als die Frau die Decke anhob, lag dort lediglich ein kugelförmiger Pilz. Sie wusste sofort, dass Okiinaa in das Himmelsland zurückgeholt worden war.
In dieser Nacht, als der Himmel dunkel wurde und das Sternenvolk erschien, sah sie einen neuen Stern in der Mitte des Himmels, einen Stern, der sich nicht bewegte. Sie wusste, dass es Okiinaa war, der in dem Loch saß, aus dem sie die heilige Rübe herausgezogen hatte. Alles, worauf sie hoffen konnte, war, dass Morgenstern sich gut um ihren Sohn kümmern würde.

DIE ZEIT ERFASSEN

Die regelmäßigen Bewegungen von Sonne und Mond sind wie ein Kalender, mit dessen Hilfe wir Tage, Monate und Jahre erfassen können. Außergewöhnliche Begebenheiten wie eine Sonnen- oder Mondfinsternis und das Erscheinen von Kometen oder Meteoriten nutzten wir für unsere historischen Zeitangaben.

Die Geschichte von Donnervogel und Rabe erzählt, wie es zu unseren Jahreszeiten kam.

Rabenmaske von Marcus Alfred, Kwakwaka'wakw, Namgis First Nation

DONNERVOGEL UND RABE

Donnervogel und Rabe waren zwei mächtige Geister im Himmelsland. Von ihrem jeweiligen Nest aus, gelegen auf den beiden höchsten Gipfeln, beäugten sie einander ständig voller Misstrauen. Donnervogel schwebte über das Land und verbreitete warmes Wetter. Er wollte das gesamte Land für sich.

Rabe war eifersüchtig. „Warum sollte Donnervogel alles Land bekommen? Ich verdiene es auch, am Himmel umherzuziehen." Rabe flog auf und brachte Schneestürme und eisiges Wetter über das Land.

Das verärgerte Donnervogel. Aus seinen Augen schoss er Blitze auf Rabe. Ein Blitz traf Rabe und versengte seine Federn, sodass sie schwarz wurden.

So begann das Gefecht der beiden Vögel. Donnervogel erzeugte Gewitter, wenn er mit seinen Flügeln schlug. Rabe kühlte dann den Regen ab und verwandelte ihn in Schneegestöber. Donnervogel wollte Rabe mit einem weiteren Blitz treffen, aber Rabe flog in einem Kreis und blendete Donnervogel mit Graupeln und Hagelstürmen.

Tage vergingen und keiner von beiden gewann die Oberhand über den anderen. Am Ende waren beide zu entkräftet, um ihren Wettstreit weiterzuführen. Also beschlossen sie, sich das Land zu teilen. Sechs Monde lang sollte es Donnervogels Jahreszeit sein. Rabe jedoch schaffte es mit Hilfe einer Täuschung, ein paar mehr Tage rauszuschlagen und bekam daher sieben Monate für eine kalte Jahreszeit. Die Menschen erschufen einen Kalender für Sommer und Winter, in dem der Monat, den Rabe durch Täuschung extra erhalten hat, als letzter des Jahres gezählt wurde.

Meine Blackfoot-Vorfahren wussten, dass der Mond ungefähr neunundzwanzig Tage braucht, um zu- und abzunehmen. Vom Halbmond wird er zum Vollmond, dann wieder zum Halbmond, bis er für vier Tage ganz verschwindet.
Mit diesem Wissen zählten sie Donnervogels sechs Sommermonde und Rabes sieben Wintermonde. Der kürzeste Mondzyklus im Winter hat einen besonderen Namen. Er wird als „eingefügter" oder „springender" Mond bezeichnet, weil er nur etwa zehn Tage dauert. Alle drei Jahre ergeben diese Tage zusammen einen gewöhnlichen Mondzyklus. Jede Nation hat ihren eigenen Mondkalender.

Der Blackfoot-Mondkalender

DONNERVOGELS JAHRESZEITEN

- Mond der zurückkehrenden Gänse
- Mond der Frösche
- Mond der blühenden Blumen
- Mond des langen Regens
- Mond der reifenden Saskatoonbeeren
- Mond, in dem die Nahrungsmittel zum Einlagern vorbereitet werden

RABES JAHRESZEITEN

- Mond der Rehjagd
- Mond der fortziehenden Gänse
- Mond, in dem das kalte Wetter kommt
- Mond der langen Nächte
- Mond, in dem der Winter alt wird
- Mond des Adlers
- Mond der Täuschung

Der Bogen des Sommermondes in Alberta, Kanada

Moon Cycle Birds „Mondzyklusvögel“ (2019), Acryl auf Leinwand. Leah Marie Dorian ist eine interdisziplinäre Métis-Künstlerin, die in Prince Albert, Saskatchewan, aufwuchs

In Blackfoot sagen wir zu einem Jahr „ein Winter“. Die Tag- und Nachtgleiche im Herbst ist der erste Tag im neuen Winter und heißt Aahkiaapiksistsiko oder „der Tag, an dem nach Hause gegangen wird“. An diesem Tag begannen die Menschen, die Monde des neuen Winters zu zählen. Dann war es an der Zeit, dorthin zu reisen, wo sie den Winter verbringen würden.

DIE STERNE REGIEREN

Der Nachthimmel hat eine enorme spirituelle Bedeutung. Die Skidi gehören zu den Pawnee und leben im heutigen Nebraska. Sie glauben, dass die Sterne den Menschen ähnlich waren. Sie glauben, dass das Sternenvolk ihre Vorfahren sind. Die Skidi erbauten ihre Häuser und Hütten so, dass sie die Sternengruppe über ihnen spiegelten. Jede Hütte hatte in der Dachmitte eine Öffnung, einerseits damit der Rauch des Kochfeuers abziehen konnte, andererseits, damit auch von drinnen der „Rat“ der Sterne deutlich zu sehen war. Ein Ring aus Sternen am Nachthimmel wird „Rat der Chiefs“ genannt. Seine Form symbolisiert ihre Regierungsform: Um wichtige Entscheidungen zu treffen, kamen die Ältesten der Skidi im Ratskreis zusammen.

Die runden, kugelförmigen Erdhäuser der Pawnee hatten ein stabiles Holzgerüst, das mit Schichten aus Ästen, Gras und zum Schluss mit Erde bedeckt wurde. An der obersten Stelle des Hauses wurde ein Loch gelassen, damit der Rauch der Feuerstelle abziehen konnte, um Licht einzulassen und den Bewohnerinnen und Bewohnern den Blick auf die Sterne zu ermöglichen. Der tunnelartige Eingang zeigte meistens nach Osten.

MIT DEM HIMMEL BAUEN

Die Bauwerke im Chaco Canyon im nordwestlichen New Mexico gehören zu den beeindruckendsten Beispielen dafür, wie die Menschen beim Bauen von ihrem Wissen über die Sterne geleitet wurden. In jener Gegend gab es nur wenig Wild zum Jagen. Als zwischen dem 9. und 11. Jahrhundert unserer Zeitrechnung immer mehr Menschen in die Siedlung Chaco zogen, gab es dort schon fast keine Bäume mehr. Die Bauleute mussten rund 80 Kilometer reisen, um Bäume zum Fällen zu finden. Es war eine zermürbende Arbeit. Sie mussten die Baumstämme entrinden und in der Sonne trocknen lassen, bevor sie sie über tückische, steile Wege zurück zum Chaco Canyon bringen konnten. Warum haben die Menschen von Chaco gerade dort gebaut? Warum wollten sie ausgerechnet in dieser Gegend leben?

Eine mögliche Antwort ist, dass die Gebäude Sternwarten waren: Die Menschen beobachteten dort die Bewegungen der Sonne und des Mondes, um herauszufinden, wann die beste Zeit zum Pflanzen und zum Ernten war, und wann sie ihre religiösen Zeremonien abhalten mussten.

Reste eines sogenannten Großhauses in der Siedlung Pueblo Bonito im Chaco Culture National Historic Park, New Mexico

Die Menschen in Chaco bauten große, vier bis fünf Stockwerke hohe Gebäude mit Hunderten von Räumen, Lagergebäuden und Kivas (großen zeremoniellen Versammlungsräumen). Ein mehrstöckiges Gebäude hatte eine bestimmte Anzahl an Sichtlinien, die den Blick zu den Stellen leiteten, an denen Sonne und Mond ähnliche Schatten werfen. Vielleicht sollte das wiederspiegeln, wie die Götter der Erde mit denen des Himmels zusammenkamen. Manche Häuser waren auf die Positionen von Sonne und Mond an den Sonnenwenden und an den Tag- und Nachtgleichen ausgerichtet. Wieder andere waren jeweils nach einer der vier Himmelsrichtungen orientiert. Die große Kiva Casa Rinconada bildete einen fast perfekten Kreis – vielleicht war sie ein Modell des Universums, bei dem die Wände den Himmel darstellten und die Decke die Sterne. Leisten an den Wänden zeigten auf die Bewegungen der Sonne während der Tag- und Nachtgleichen.

SONNENWENDEN UND TAG- UND NACHTGLEICHEN

Der Äquator ist eine unsichtbare Linie, die die Erde an ihrer dicksten Stelle in eine nördliche und eine südliche Halbkugel unterteilt.
Wenn die Sonne sich direkt über dem Äquator befindet, sind Tag und Nacht gleich lang. Das passiert zweimal im Jahr: Im März überquert die Sonne auf ihrem Weg in den Norden den Äquator. Und ein weiteres Mal im September, wenn die Sonne wieder in den Süden reist.
Eine Sonnenwende geschieht an dem Tag, an dem die Sonne am weitesten vom Äquator entfernt ist. Im Juni zur Sommersonnenwende hat der Tag nördlich des Äquators die meisten hellen Stunden. Die Wintersonnenwende ereignet sich im Dezember und dann ist im Norden der kürzeste Tag im Jahr – hat also die meisten dunklen Stunden.

Traditioneller Tanz beim *Summer Solstice Indigenous Festival* am *National Indigenous Peoples Day*, Vincent Massey Park, Ottawa

DIE SONNENTRACKER DER HOPI

Von einem Hopi-Priester wurde erwartet, dass er den Zeitpunkt der Sonnenwende vorhersagt, damit die Leute wussten, wann sie Opfergaben darbringen mussten, um eine üppige Ernte zu bekommen. Der Priester ging dafür auf eine Sternwarte und beobachtete die Sonne, die vor der Sonnenwende ihre Bahn verlangsamt. Eine dieser Sternwarten bestand aus einem flachen Felsen, auf den ein Sonnengesicht gemalt worden war.

Solstice Snake („Sonnenwenden-Schlange") ist ein historischer Ort in der Nähe von Moab, Utah, an dem der Lauf der Sonne beobachtet wurde: Genau zur Sommersonnenwende fällt ein Schatten auf den Kopf der Schlange

Dein Tag beginnt wie alle anderen. Lange bevor die Sonne aufgeht, schiebt die Morgenröte die mondlose Nacht beiseite. Der Morgen bleibt kühl, bis die Sonne aufgeht. Dann kannst du die Wärme spüren. Du hilfst Deiner Mutter, Mais zu mahlen, und entfachst dann ein kleines Feuer, um darauf das Frühstück zuzubereiten. Nachdem Deine Familie gegessen hat, hilfst Du beim Aufräumen.

Während Du Deinen Tonkrug anhebst, schaust zu dem strahlend blauen Himmel hoch, der sich über der Klippe hinter dem Pueblo zeigt. Vorsichtig kletterst Du zur Plaza hinunter. An den Seiten der Leiter hängen Girlanden aus trocknenden, scharfen Paprikaschoten, die Du beiseiteschiebst. Du hast es nicht eilig. Du gehst an der großen Kiva vorbei. Neben der Leiter, die im Eingang lehnt, steigt Rauch sich kräuselnd in die Höhe. Bäume stehen am Rande des trockenen Flussbettes, das zur Quelle führt, und Du bist froh, als Du den Schatten erreichst. Du senkst den Krug ins Wasser und ziehst ihn gefüllt wieder heraus. Mit Deinen Händen schöpfst Du etwas kaltes Wasser, lässt es über Dein Gesicht fließen und fährst mit den nassen Fingern durch Deine Haare. Du willst Dich wieder auf den Weg machen, doch da bemerkst Du etwas Merkwürdiges beim Licht, das durch die Blätter fällt: Alle Schatten, egal ob auf den Felsen oder auf dem Boden, haben die Form einer Sichel. So etwas hast Du noch nie gesehen. Du brichst auf. Das Blau des Himmels ist dunkler und die Sonne scheint nicht mehr so hell. Deine Schritte werden schneller. Noch bevor Du das Dorf erreichst, hörst Du ein Stimmengewirr. Alle haben sich auf der Plaza versammelt und reden aufgeregt. Du findest Deine Eltern. Sie beschatten ihre Augen und zeigen gegen den Himmel. Du setzt Deinen Krug ab und siehst ebenfalls nach oben. Du siehst, wie die Sonne verschwindet. Das grelle Licht schmerzt in Deinen Augen. Plötzlich wird die Welt schwarz. Die Menge hält den Atem an. Du schaust erneut in den Himmel und statt der Sonne siehst Du jetzt eine schwarze Scheibe mit feinen Fädchen, die in alle Richtungen weisen. Sterne scheinen, obwohl es heller Tage sein sollte.

Du bist starr vor Angst. Vielleicht hat ein böser Geist die Sonne gegessen und überlässt Euch für immer der Dunkelheit? Selbst die Priester und Deine Eltern schreien panisch auf. Ist es das Ende der Welt?

Dann – ein Wunder. Die Sonne kommt wieder hervor und die Sterne verschwinden zusammen mit der Dunkelheit. Die Sonne scheint so hell und heiß wie immer. Du bist durcheinander und erleichtert. Dein Vater hebt den Wasserkrug hoch. Du nimmst die Hand Deiner Mutter, ihr geht langsam nach Hause. Jetzt ist alles ruhig. Ihr sitzt alle still zusammen, zu Hause auf dem Balkon. Du kuschelst Dich an Deine Mutter und wunderst Dich über den außergewöhnlichen Tag. Die Nacht kommt und Dein Herz schlägt, als wärst Du aus einem schlechten Traum erwacht. Zusammen mit Deinen Eltern betest du dafür, dass nach der Nacht ein weiterer, normaler Tag anbrechen wird.

Für die Menschen in ganz Nordamerika war eine Sonnenfinsternis ein wichtiges Ereignis. Die Cherokee glaubten, dass eine Sonnenfinsternis dadurch entstand, dass ein Riesenfrosch versuchte, die Sonne oder den Mond zu verschlingen. Für die Hopi markierte eine Sonnenfinsternis den Zeitpunkt für eine Zeremonie, bei der Menschen ihre heiligen Kraftnamen bekamen. Eine Sonnenfinsternis sei ein Omen, also ein Vorzeichen für die Zukunft, glaubten die Nakota in Alberta. Die Ältesten aus dem Chaco Canyon lehrten, dass eine Sonnenfinsternis ein Moment der Verwandlung sei, vor dem sich nur jene fürchten mussten, die ein Gesetz gebrochen hatten.

Der Mond verdeckt die Sonne: totale Sonnenfinsternis 2007 in der Nähe von Madras, Oregon, USA

TRIFF DIE HIMMELSBEOBACHTER

Unsere Geschichten erzählen uns vom Sternenvolk, das Teil unserer Welt und Teil des Himmelslandes war. Eine neue Generation von Blackfoot-Himmelsbeobachterinnen und -beobachtern führt diese Tradition weiter. Genau wie unsere Vorfahren sind sie neugierig auf die Bedeutung der Sterne. Doch im Gegensatz zu unseren Vorfahren, die nur ihr eigenes Sehvermögen zur Verfügung hatten, benutzen wir inzwischen Fernrohre und Satelliten, um neue Erkenntnisse über das Universum und unseren Platz darin zu erlangen. Heutzutage tragen indigene Wissenschaftlerinnen und Wissenschaftler zum weltweiten Wissen über den Himmel bei.

Der Physiker **COREY GRAY** und die Übersetzerin **SHARON YELLOWFLY**, Siksika Nation, Blackfoot

Corey Gray wuchs im südlichen Kalifornien auf und verbrachte die Sommer bei der Siksika Nation. Er wurde Physiker und bedient heute die Detektoren in der Sternwarte von Hanford, Washington. Corey war Teil des Forschungsteams, das 2015 zum ersten Mal Gravitationswellen beobachtete, die beim Zusammenstoß zweier Schwarzer Löcher entstanden waren. Diese Entdeckung öffnete für Astronominnen und Astronomen einen vollkommen neuen Weg für die Erforschung des Himmelslandes.

Corey Gray wollte eine Verbindung zwischen seiner Arbeit und seiner Blackfoot-Kultur herstellen – auch, um jugendliche Indigene mit in die Astronomie einzubeziehen. Dafür wollte er Informationen über seine Arbeit in der Blackfoot-Sprache zugänglich machen. Dank seiner Mutter Sharon Yellowfly ist es nun so weit: Sie übersetzte diesen hochaktuellen Stand der Wissenschaft ins Blackfoot. Für neue Begriffe kombinierte sie entweder bekannte Wörter, wie zum Beispiel „schwarz" und „Loch", woraus sigooxgiya entstand. Oder, wenn nötig, erfand sie neue: „Gravitationswellen" wurden so zu „Sie-kleben-zusammen-Wellen" oder Abuduuxbiisii o?bigimskAAsts.

Das Laser Interferometer Gravitational-Wave Observatory (LIGO) liegt außerhalb von Richland, Washington, USA, auf der Hanford Reservation. Mit aufwändiger Technologie suchen die Mitarbeiterinnen und Mitarbeiter des LIGO nach Gravitationswellen

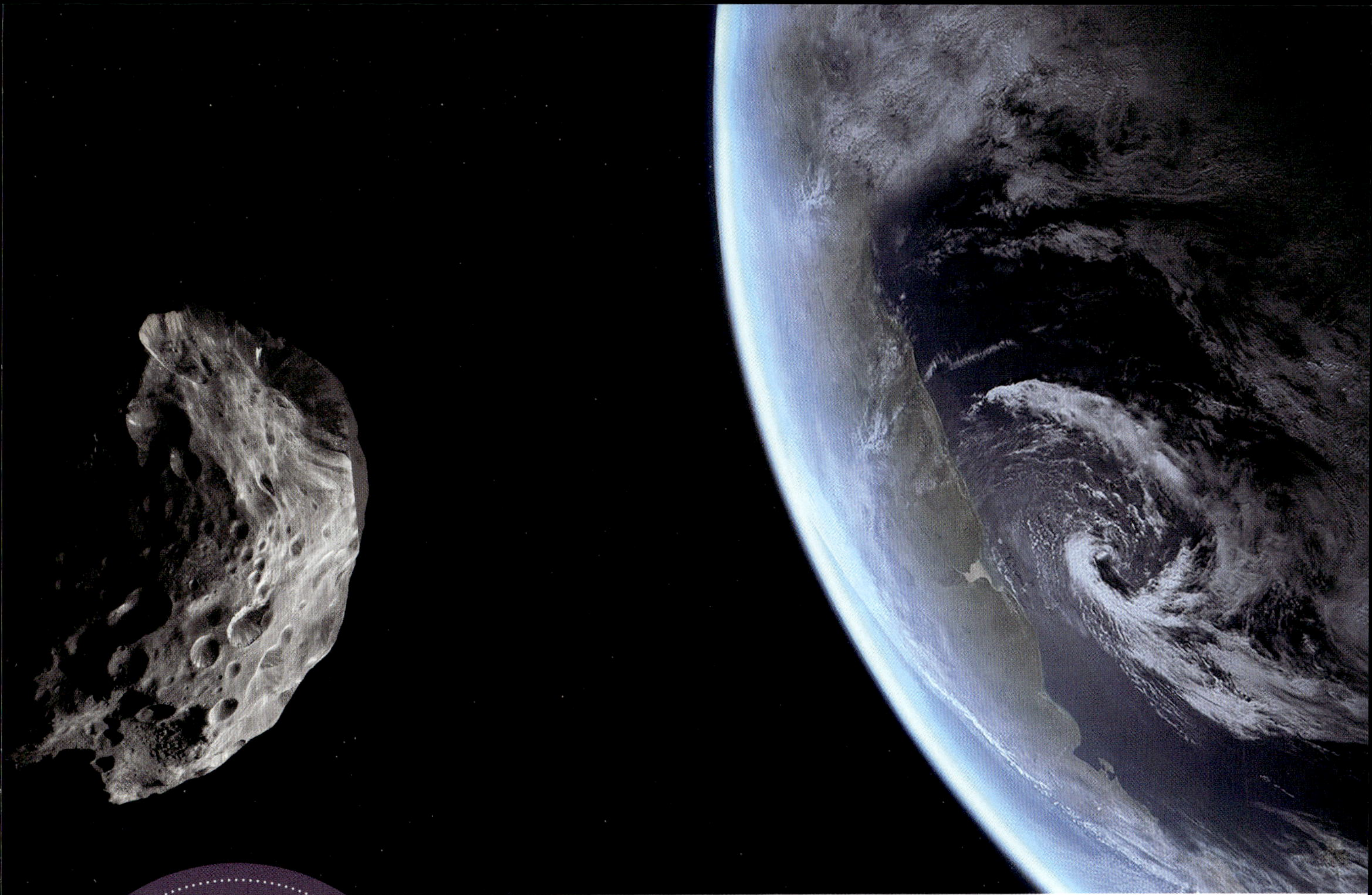

Der Planetenwissenschaftler und Asteroiden-Jäger

ROB CARDINAL, Siksika Nation

Rob Cardinal ist Mitbegründer und Direktor der IndigeSTEAM-Gesellschaft und geschäftsführender Direktor im Siksika Nation Board of Education. Sein Anliegen ist es, kulturelle Traditionen zu bewahren und sie mit neuen Technologien zu verbinden. First Light führt jugendliche Indigene in den Gebrauch von Fernrohren, in die Astronomie und in die Wissenschaft der Himmelstechnologie ein, während sie gleichzeitig lernen, indigenes Wissen zu bewahren.

Rob Cardinal ist auch ein Asteroiden-Jäger. Vielleicht werden die Menschen eines Tages Raumschiffe bauen, um damit tief ins Weltall zu reisen. Raumschiffe, die zwischen Sternsystemen pendeln, können auf der Erde noch nicht gebaut werden. Eine Lösung könnte sein, auf Asteroiden die nötigen Rohmaterialien abzubauen und die Raumschiffe in der Erdumlaufbahn zu bauen.

Rob Cardinal ist einer der Astronomen, die nach erdnahen Objekten wie zum Beispiel Asteroiden Ausschau halten. Es gibt sogar einen Kometen, der seinen Namen trägt.

Von unseren ältesten Astronomen bis zu unseren modernen Astrophysikerinnen und -physikern – schon immer haben wir die heiligen Geschenke des Himmel anerkannt. Der Himmel mit all seinen Sternenkonstellationen ist unsere Karte, unser Kalender und leitet uns beim Aufbau unserer Gemeinschaften.

Indigenes Wissen ist ein Geflecht aus unseren Geschichten, aus den Lehren unserer Ältesten, der Wissenshüterinnen und Wissenshüter sowie aus unseren Beobachtungen, Erfindungen und geteilten Ideen. Es gab viele Momente in der Geschichte, an denen wir unseren Wissensschatz hätten verlieren können. Im nächsten Kapitel wirst Du ein paar Leute treffen, die dafür sorgen, dass er nie vergessen wird.

KAPITEL 7

DAS WISSEN BEWAHREN

KARTENLEGENDE:

1. Canmore Folk Music Festival (Ort) (S. 108)
2. The Lions, auch Twin Sisters genannt (Berge) (S. 109)
3. Nuu-Chah-Nulth (S. 109)
4. Anaszasi (S. 110)
5. Anishinaabe (S. 110)
6. Azteken (S. 110)
7. Cherokee (ursprüngliches Territorium) (S. 110)
8. Columbia Plateau (Hochebene) (S. 110)
9. Iroquoian Nations (S. 110)
10. Piikani (S. 110)
11. Head-Smashed-In Buffalo Jump (Jagdplatz) (S. 111)
12. New Echota, ehemalige Hauptstadt der Cherokee-Nation (S. 113)
13. Trail of Tears (Weg), Cherokee (S. 114)
14. Cree (Sprachgebiet) (S. 114)
15. Inuktitut (Sprachgebiet) (S. 114)
16. Ojibwa (Sprachgebiet) (S. 114)
17. Crow Nation (S. 115)
18. Old North Trail (Weg) (S. 115)
19. Poundmaker Cree Nation (S. 115)
20. Wukchumni (S. 115)
21. Champagne and Aishihik First Nations (S. 116)
22. Tatshenshini- Alsek Provincial Park (S. 116)
23. Haida (S. 117)
24. Dzawatainuk (Kwakwaka'wakw) (S. 118)

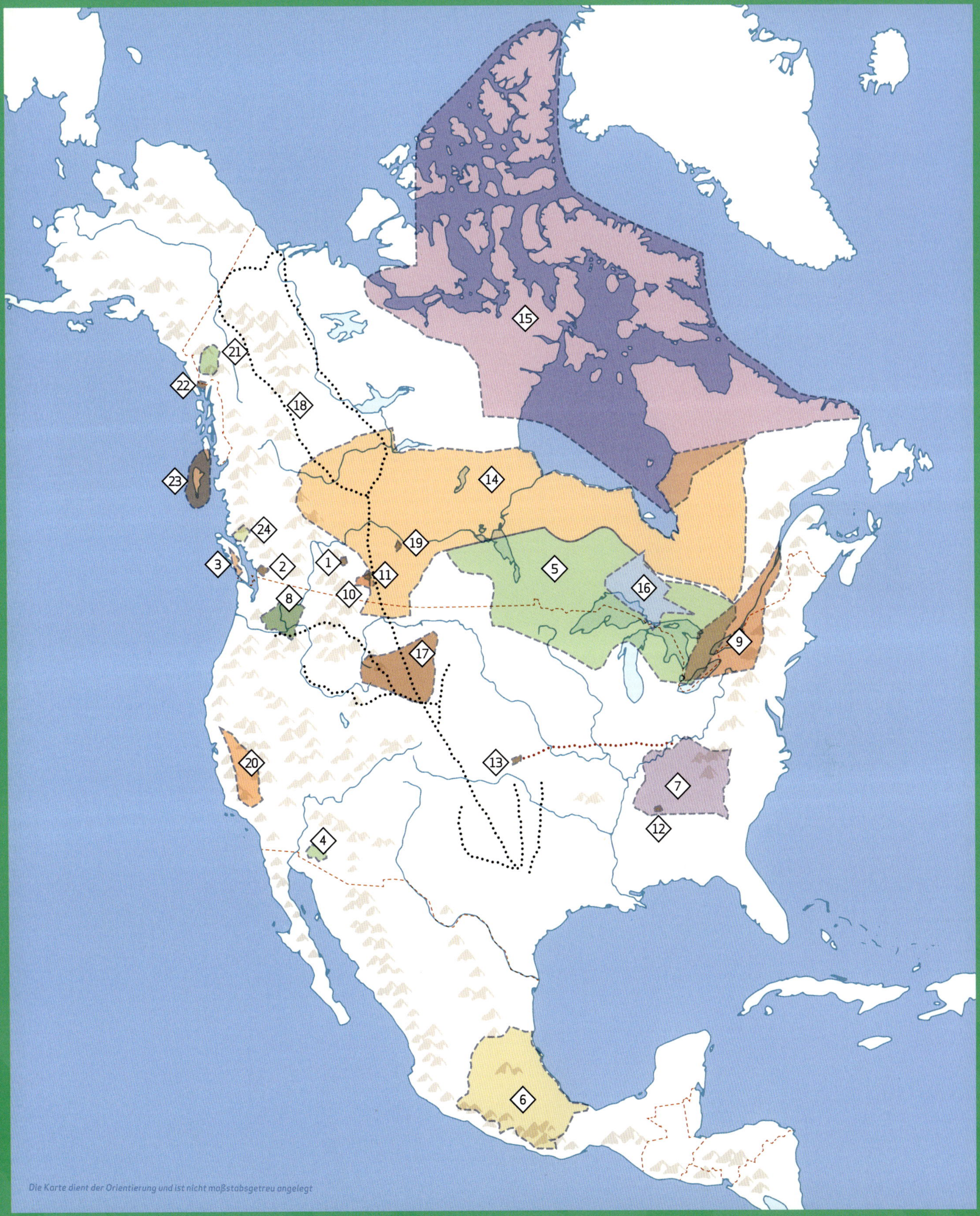
1
2
3
4
5
6
7
8
9
10
11
12
13
14
15
16
17
18
19
20
21
22
23
24
Die Karte dient der Orientierung und ist nicht maßstabsgetreu angelegt

Für uns indigene Völker ist die mündliche Überlieferung sehr wichtig, denn auf diese Art und Weise reichen wir unser Wissen von einer Generation zur nächsten weiter. In der Vergangenheit wurden zwar verschiedene grafische, symbolische Darstellungsweisen genutzt, um Ideen auszudrücken, doch nur in Mexiko entstand ein richtiges Schriftsystem. Die Menschen machten Beobachtungen und erlangten Erfahrungen durch ihre persönlichen Begegnungen mit der Welt. Diese Erkenntnisse wurden jedoch nicht einfach auswendig gelernt und rezitiert. Geschichten und die Art und Weise, wie sie erzählt wurden, waren zuverlässige Methoden, um die Informationen weiterzugeben, die zu unserem indigenen Wissen wurden. Diese Art war und ist sehr wirkungsvoll, weil sie Lernen und Unterhaltung miteinander verbindet. Wir erinnern uns besser an eine Information oder ein Ereignis, wenn es starke Gefühle auslöst, zum Beispiel ein herzhaftes Lachen oder Weinen.

Inuit-Sängerin und Geschichtenerzählerin Tiffany Ayalik von der Musikgruppe Quantum Tangle erzählt eine gruselige Inuit-Fabel. Canmore Folk Music Festival in Canmore, Alberta

DIE ZEIT ERFASSEN

Ein gutes Erinnerungsvermögen ist wesentlich für die mündliche Überlieferung von Geschichte und Geschichten. Oft nutzen die Erzählenden verschiedene Gedächtnisstützen, um sich an die Details einer Geschichte zu erinnern. Die Ältesten zum Beispiel verwendeten auch Bildersprache, Symbole und Abbildungen, um ihr Wissen an die nächste Generation weiterzureichen – ähnlich wie wir es heute durch GIFs, Emoticons und Emojis machen.

Die Kraft der Geschichten

Alle Menschen lieben gute Geschichten – darum haben Erzählungen eine große Wirkung. Geschichtenerzählerinnen und -erzähler brauchen ein enormes Gedächtnis, um sich an die vielen Details der Handlung und der Figuren zu erinnern. Und sie müssen unterhaltsam sein, damit sie die Zuhörerschaft in ihren Bann ziehen: Mit Abenteuergeschichten bringen sie diese zu phantastischen Orten oder lassen sie an den Freuden, den Sorgen und Ängsten erfundener Figuren teilhaben. Geschichten können Menschen sogar dabei helfen, gefährliche, unsichere Situationen zu meistern.

Die Nuu-Chah-Nulth bauten hochseetaugliche Boote, mit denen sie so weit hinausfuhren, dass sie die Sicht aufs Festland verloren. Sie brauchten geographische Hinweise, um ihren Weg zurück zu ihren Küstendörfern zu finden, aber sie zeichneten keine Karten. Ihre Lösung? Sie schufen Geschichten, die ihr Wissen über die detaillierte Beschaffenheit der Küste mit ihren Buchten, Förden und hervorstechenden Landzungen enthielten. Wenn zum Beispiel ihre Sicht durch starken Nebel oder Regen beeinträchtigt war, konnten sie sich, während sie die Küste entlangpaddelten, an eine passende „Verwandler"-Geschichte erinnern, in der diese spezielle Gegend mit ihren Landzungen in der richtigen Reihenfolge beschrieben war, und so die Orientierung behalten. Solche „Geschichtenkarten" gaben die Einzelheiten der Küstenlinie wieder und ermöglichten den sicheren Heimweg.

VERWANDLER

In unseren Geschichten gibt es Wesen, die Menschen in Landschaftsmerkmale verwandeln. Wer Vancouver, British Columbia, besucht, wird die beiden Gipfel bemerken, die über die North Shore Mountains hinausragen. Auch wenn sie allgemein als „die Löwen" bekannt sind, werden sie von den Geschichtenerzählern der Squamish „die Zwillingsschwestern" genannt. Sie waren als Friedensstifterinnen bekannt, die unermüdlich daran arbeiten, die verschiedenen Nationen zu vereinen. Um ihre Bemühungen zu belohnen, wurden sie von den Himmelswesen in Berggipfel verwandelt, damit sie ihre Heimat immer im Blick behalten können.

Gedächtnishilfen: *Itimat* und *Wampum*

Auf der Columbia-Hochebene, die sich über die Staaten Washington, Oregon und Idaho erstreckt, benutzten die Menschen ein *itimat*, einen mit Hanfgarn bespannten „Zeitball", der wie ein Tagebuch funktionierte. An dem Faden wurden bunte Steine, Knochen, Perlen und Stoffstücke befestigt, durch die die wichtigsten Begebenheiten im Leben einer Person aufgezeichnet wurden.

Im Nordosten wurden Ketten aus Seemuschelperlen gefertigt, die Wampum-Gürtel genannt werden. Die besonderen Kombinationen aus Motiven und Farben eines Wampum-Gürtels waren Aufzeichnungen von zum Beispiel einer Absprache oder eines Vertrags. So konnten sich Ratszusammenkünfte auch Jahrzehnte später noch genau an die getroffenen Abmachungen erinnern.

Dieser Wampum-Gürtel stammt ungefähr aus dem 17. Jahrhundert. Er besteht aus Muschelperlen und Hanfgarn und stammt von den Nationen der American Iroquoian, auch Algonquian genannt

DAS AUFZEICHNEN VON GESCHICHTE

Die Menschen in Nordamerika zeichneten wichtige Ereignisse mit Hilfe von Symbolen, Wandmalereien und geritzten Felszeichnungen auf. Im Gebiet des heutigen Mexiko schrieben die Menschen ihre Geschichte über Tausende von Jahren auf Papier, Töpferwaren und steinernen Denkmälern auf. Die Piikani, die Azteken, die Anishinaabe und die Cherokee zum Beispiel haben jeweils ihre eigene Art und Weise, Geschichte aufzuschreiben, wie wir gleich sehen werden.

Schon vor Tausenden von Jahren ritzten Menschen Bilder in Felsen. Mit dieser Bilderschrift hielten sie Einzelheiten der mündlich überlieferten Geschichten fest.

Diese Felsenmalerei im Monument Valley Tribal Park, Arizona, zeigt Dickhornschafe. Sie entstand in der Zeit der Anasazi-Kultur (etwa 400 – 13.000 unserer Zeitrechnung)

Der Winterzähler

Kopie einer *Winter Count Robe* aus der *Blackfoot Native Tribes* Ausstellung im *Head-Smashed-In Buffalo Jump* Interpretationszentrum, Alberta, Kanada

In den Prärien erstellten viele Völker einen *Winter Count*, also einen Winterzähler. Dafür zeichneten sie Piktogramme (Bildchen oder Symbole, die wie Wörter genutzt werden) auf eine Tierhaut. Einzelne Personen benutzen ebenfalls einen *Winter Count*, um wichtige Ereignisse in ihrem Leben festzuhalten.

Der älteste erhaltene *Winter Count* befindet sich auf einer Bisonhaut aus dem Jahre 1761. Er erzählt uns zum Beispiel, dass im fünften Jahr den ganzen Winter lang Beeren an den Sträuchern hingen. Er zeigt auch das Jahr, in dem es im Winter Hagelstürme und Gewitter gab, die Jahre, in denen die Bisons und die Gabelböcke nach einer Sonnenfinsternis krank wurden, und viele weitere Ereignisse.

Ein *Winter Count* ist eine Aufzeichnung unserer Geschichte: Denkwürdige Ereignisse wie das Eintreffen der Gewehre, Metalltöpfe, Wagen und der *Royal Canadian Mounted Police* (RCMP, Königliche berittene kanadische Polizei) und das Unterzeichnen der Verträge können jeweils zu einem Winterbildchen werden.

Die Bibliotheken der Azteken

Die Völker in Mexiko und in Mittelamerika verfassten Tausende von Büchern, die auf Baumrinden-Papier gemalt und dann wie ein Leporello zusammengefaltet wurden. Sie waren sehr bunt gestaltet: Rot wurde aus Schildläusen, die auf bestimmten Kaktuspflanzen leben, hergestellt, Blau aus Gräserblüten, Chili-Rot und Dunkelgrün aus Bäumen, Schwarz mit dem Rauch von Fichtenharz. Die Schreiber der aztekischen Priester entwickelten viele weitere Farbtöne, etwa indem sie Ockersteine, Kalk, säuerliche Früchte, Pflanzenöl und braunes Baummoos hinzufügten. Sie benutzten Pinsel, um wissenschaftliche Bücher, Biographien über wichtige Persönlichkeiten, detaillierte Familiengeschichten, Handbücher für die Durchführung von Ritualen sowie Lieder- und Gedichtsammlungen zu verfassen. Außerdem führten sie Buch über die Besteuerung von Stoffen, Militäruniformen, Federhauben, Pflanzen und Deckenbündeln.

Der *Wiigwaasabakoon*

Die Anishinaabeg, die um den Lake Superior herum leben, ritzten mit hölzernen oder knöchernen Griffeln geometrische Formen auf Schriftrollen aus Birkenrinde. Diese *Wiigwaasabakoon* enthalten Beschreibungen von übernatürlichen Kräften, die in den Gewässern und Ländereien der Großen Seen wohnen. Die Midewiwin sind ein Geheimbund der Anishinaabeg. Sie benutzten ebenfalls Schriftrollen aus Birkenrinde, um ihre Lieder, spezielle Heilmethoden und Arzneien aufzuzeichnen. Diese Schriftrollen werden auch heute noch von denjenigen benutzt, denen beigebracht wurde, sie richtig zu lesen.

Als die Spanier kamen, brannten sie ganze Bibliotheken nieder. Nur wenige Bücher haben das überstanden und sie werden heute in Museen aufbewahrt. Trotz dieses Verlustes wissen wir viel über die Geschichte der Azteken, da sie auch ihre Töpferware mit Geschichten bemalten. Künstlerinnen und Künstler hinterließen zudem an den Gebäudewänden Geschichten von Königen und Helden. Ein Glück für uns, dass die Spanier die in Stein gemeißelte Geschichte nicht zerstören konnten.

Der berühmte Anishinaabeg-Künstler Norval Morrisseau ließ sich von den Geschichten inspirieren, die in den Schriftrollen der Midewiwin aufgezeichnet sind. Sein traditioneller Name war Copper Thunderbird (Kupferner Donnervogel) und seine Jugend war von der Anishinaabeg-Sprache und -Kultur geprägt, was in seiner Kunst zum Ausdruck kommt. Bei einigen seiner frühsten Werke ahmte er auf den Midewiwin-Schriftrollen gefundene Techniken nach. Er kratzte Schicht um Schicht der Birkenrinde weg, um die verschiedenen Farbtöne aufzudecken, aus denen die Bilder der Geisterwesen zusammengesetzt waren. Sein Werk beeinflusste eine ganze Generation von indigenen Künstlerinnen und Künstlern, die zusammen als die Woodlands School of Art bekannt wurden. Zu Beginn seiner Karriere benutzte Norval Morrisseau Birkenrinde, weil er zu arm war, um sich Öl- und Acrylfarben, Pinsel und Leinwände kaufen zu können. Dann entdeckte die Kunstwelt Morrisseau, er verdiente genug und konnte sich nun solches Material leisten. Nach seinem Tod wurden die Birkenrinden-Tafeln, die er bearbeitet hatte, um seine phantastischen Bilder zu gestalten, zu begehrten Kunstwerken, die für mehr als eine halbe Million Dollar verkauft wurden.

Door to Astral Heaven, Acryl auf Leinwand von Norval Morrisseau. Er wurde als „Picasso aus dem Norden" bekannt und erschuf Werke, die die Legenden seines Volkes erzählen sowie von den Spannungen zwischen den indigenen und den europäischen Bräuchen, von seiner tiefen Spiritualität und Mystizismus handeln

John Ridge, Cherokee Leader und Herausgeber des *Cherokee Phoenix*. Gemalt 1825 von Charles Bird King

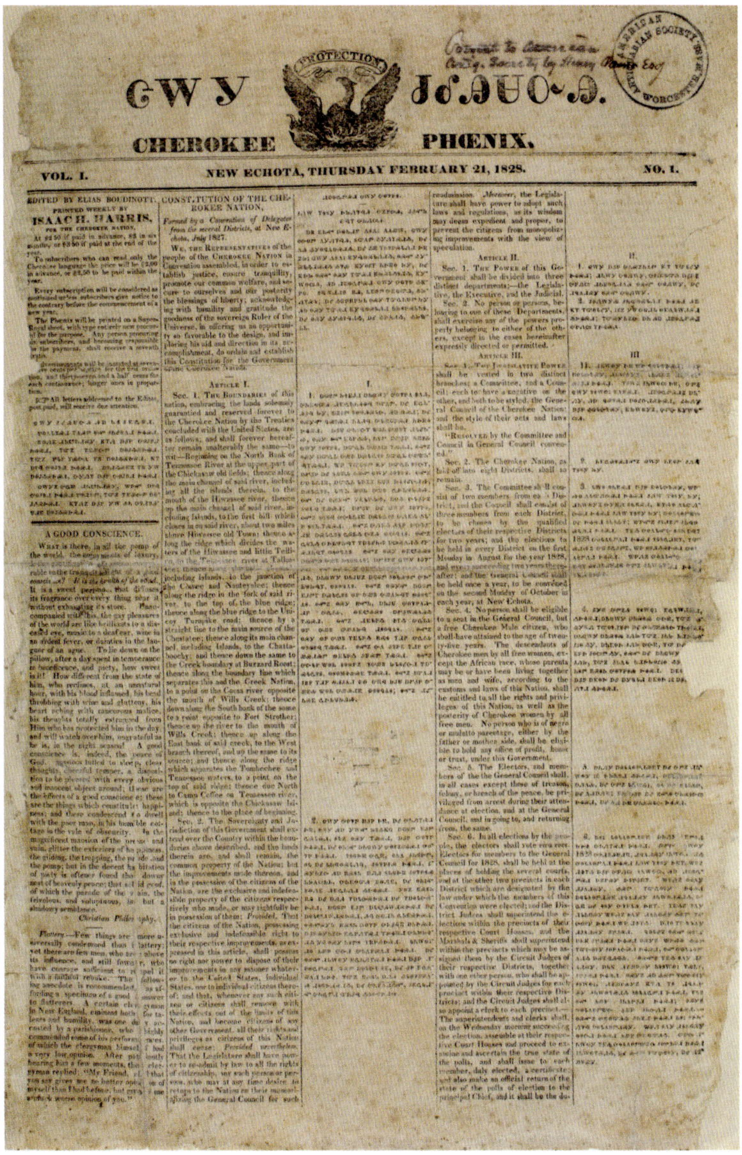

ᏣᎳᎩ ᏧᎴᎯᏌᏅᎯ

PROTECTION

CHEROKEE PHŒNIX.

VOL. I. NEW ECHOTA, THURSDAY FEBRUARY 21, 1828. NO. 1.

EDITED BY ELIAS BOUDINOTT.

PRINTED WEEKLY BY ISAAC H. HARRIS,

CONSTITUTION OF THE CHEROKEE NATION,

A GOOD CONSCIENCE.

Der *Cherokee Phoenix*

Sequoyah leistete einen einzigartigen Beitrag zum Verständnis der Cherokee für ihre Sprache, indem er sie in die Schriftsprache einführte. Die Sprache der Cherokee war bis dahin ausschließlich mündlich überliefert worden. Nachdem Sequoyah 1821 seiner Familie und ein paar Freunden gezeigt hatte, wie sie ihre Worte aufschreiben konnten, verbreitete sich die Schriftsprache schnell in der Gemeinschaft.

Nur sieben Jahre später gab es genug Cherokee, die sowohl ihre Muttersprache als auch Englisch lesen und schreiben konnten, sodass eine zweisprachige Gemeindezeitung gegründet wurde. Der *Cherokee Phoenix* war die erste Zeitung in den Vereinigten Staaten von Amerika, die von Indigenen herausgegeben wurde, und die erste, die obendrein in einer indigenen Sprache veröffentlicht wurde. Am 21. Februar 1828 erschien die erste zweisprachige Ausgabe in New Echota, der Hauptstadt der Cherokee-Nation im heutigen Georgia. Sie enthielt Tagesneuigkeiten, Gesetze und öffentliche Dokumente – aufgeschrieben mit dem von Sequoyah erfundenen Cherokee-Alphabet.

1829 wurde der Zeitungsname in *Cherokee Phoenix and Indians' Advocate* geändert. Die Ausgaben dieser Zeitung sind äußerst wertvolle Dokumente über eine sehr dunkle Zeit. Besorgt durchforsteten damals Angehörige der Cherokee-Nation die Zeitung auf der Suche nach Neuigkeiten über die Anhörungen vor dem Obersten Gerichtshof der Vereinigten Staaten bezüglich ihres Rechtes, ihr eigenes Land zu besitzen. 1830 veröffentlichte die Zeitung die Nachricht, dass der Oberste Gerichtshof zu ihren Gunsten entschieden hatte. Aber trotz dieses Urteils unterzeichnete Präsident Andrew Jackson den *Indian Removal Act* („Gesetz zur Umsiedlung der Indianer"). Daraufhin wurden die Cherokee gezwungen, das Land ihrer Vorfahren zu verlassen und zu Fuß zu ihrem neuen Siedlungsgebiet im *Indian Territory* westlich des Mississippi im heutigen Oklahoma zu laufen. Diese Vertreibung wird auch *Trail of Tears* („Weg der Tränen") genannt. Damals brachen weiße Siedler in das Zeitungsbüro ein und zerstörten die Druckerpressen.

Im 20. Jahrhundert wurde der *Cherokee Phoenix* wiederbelebt und kann heute in Druckform oder online gelesen werden.

DAS WISSEN, DAS IN SPRACHEN ENTHALTEN IST, VERSTEHEN

Indigenes Wissen wird hauptsächlich mündlich übertragen und ist untrennbar mit unseren Sprachen verflochten. In den USA werden heute noch etwa zweihundert indigene Sprachen gesprochen, sehr viele Sprachen sind bereits ausgestorben. Ganz genaue Zahlen haben wir nicht. Von den rund achtzig heute noch gesprochenen indigenen Sprachen in Kanada werden wahrscheinlich nur wenige – zum Beispiel Cree Ojibwa und Inuktitut – weit ins 21. Jahrhundert hinein überleben. Wenn eine Sprache verstummt, verstummt auch das gesamte Wissen, das sie von Generation zu Generation weitergab.

Die Erfahrung lehrt uns, dass wir erfinderisch sein müssen, wenn wir das große Aussterben indigener Sprachen aufhalten wollen, etwa indem wir moderne Techniken nutzen, um unsere Sprachen lebendig zu halten. Indigene unterrichten und besuchen Sprachklassen, in denen die uralten Methoden der mündlichen Überlieferung angewandt werden. Die Ältesten geben Sprachkurse, lehren an indigenen Sprachschulen und verfassen entsprechende Literatur. Meine Muttersprache ist Blackfoot und ich mache mir Sorgen, ob meine Sprache eine Zukunft hat. Als Dozent an einer modernen Universität habe ich jedoch besondere Möglichkeiten. Daher begann ich eine Forschungspartnerschaft mit meinen Kolleginnen und Kollegen der Computerwissenschaften, um zu versuchen, Blackfoot mit Hilfe von künstlicher Intelligenz und Robotik am Leben zu erhalten. Unser erstes Produkt werden Chatbots sein, die die Lernenden in die Töne, Wörter und Sätze einführen und ihnen die Grundlagen der Sprache vermitteln.

DIE ZEICHENSPRACHE DER PRÄRIE

Reisende, die früher die Prärien vom heutigen Saskatchewan bis nach Texas durchquerten, um zu jagen, Handel zu betreiben oder für eine Pilgerreise, kamen durch Gebiete verschiedener Nationen, die meist unterschiedliche Sprachen hatten. Die Zeichensprache der Prärien war eine Möglichkeit, sich trotzdem zu verständigen.
Den Prärienationen liegt heutzutage viel daran, diese Art der Kommunikation zu erhalten, zum Beispiel durch Sprachkurse. In das Plains Sign Language Camp („Zeichensprachen-der-Prärien-Camp") der Poundmaker Cree Nation in der Nähe von Cut Knife, Saskatchewan, kommen Lernende aus Alberta, Nova Scotia, Neuseeland und Polen, um die Zeichensprache zu lernen.

Lanny Real Bird von der Crow Nation in Montana unterrichtete die Zeichensprache der Prärien auf einem mehrtägigen Sprachcamp der Poundmaker Cree Nation

Sprachhüterin MARIE WILCOX, Wukchumni

Marie Wilcox wurde 1933 geboren. Im Laufe der Zeit verstarben mehr und mehr ihrer Familienmitglieder und Freunde, bis sie schließlich die letzte war, die Wukchumni fließend sprechen konnte. Wukchumni wurde entlang der Flüsse Tule und Kaweah in Kalifornien gesprochen. Es gibt keine schriftlichen Aufzeichnungen dieser Sprache, also begann Marie Wilcox ein Wörterbuch zu schreiben. Von den frühen Morgenstunden bis in die späte Nacht hinein tippte sie ein Wukchumni-Wort nach dem anderen in den Computer. Dafür brauchte sie sieben Jahre. 2014 wurde ihr Wörterbuch veröffentlicht, mit dem nun andere die Sprache lernen können.
Marie Wilcox und ihre Tochter Jennifer unterrichten Wukchumni-Sprachkurse. Inzwischen wird Wukchumni wieder in den Familien und Gemeinden gesprochen und die Menschen sind froh, sich in ihrer Sprache unterhalten, Fragen stellen und Witze machen zu können.

Eine Nachricht von „Mensch-von früher-gefunden“ Das Wissen, das im Handwerk enthalten ist

1999 fand ein Gruppe von Jägern im *Tatshenshini-Alsek Provincial Park* im nördlichen British Columbia in einer Gletscherspalte den Körper eines jungen Mannes. Er war ungefähr 600 Jahre nach seinem Tod aus dem schmelzenden Gletschereis aufgetaucht. Sein Schädel wurde erst 2003 gefunden.

In der Tutchone-Sprache der Champagne und Aishihik First Nations (deren Ländereien einen Teil des Yukon und des nördlichen British Columbia umfassen) bedeutet *Kwäday Dän Ts'inchi* „Mensch-von-früher-gefunden“. Er hatte Steinwerkzeuge und eine Speerschleuder bei sich, war also vermutlich ein Jäger. In einem Beutel befand sich getrockneter Lachs. Seine letzte Mahlzeit hatte aus Schalentieren und wildem Spargel bestanden, was darauf hinweist, dass er nur wenige Stunden vor seinem Tod im Gletscher an der nicht ganz nahen Küste gewesen sein muss.

Kwäday Dän Ts'inchi trug einen Umhang, der aus den Fellen von hundert Erdhörnchen gefertigt war, und einen breitkrempigen, aus Fichtenwurzeln gewebten Hut.

Dieser Hut bedeutete der Weberin Delores Churchill sehr viel.

Die Weberin DELORES CHURCHILL, Haida

Ilskyalas Delores Churchills Webkunst beruht auf indigenem Wissen. Sie verwendet zum Beispiel natürliche Materialien wie Fichtenwurzeln, die auch ihre Großmutter schon benutzte. Die Fichtenwurzeln stammen von einem lebendigen Baum und Delores Churchill webt so schön wie nur irgend möglich, um das Geschenk des Baumes zu ehren. Sie entnimmt die Wurzel mit großer Sorgfalt, um die anderen Pflanzen nicht zu stören. Sie achtet darauf, dem Baum nicht zu schaden, damit auch kommende Generationen ihn für das Weben nutzen können.

Delores Churchill wollte mehr über den Hut von „Mensch-von-früher-gefunden" wissen. Ihr Wunsch war, die Weberin, die den Hut vor langer Zeit hergestellt hatte, und all die Generationen von Webern, die das Handwerkswissen überliefert haben, zu ehren.

Die einzelnen Clans behalten normalerweise ihre Korbflechttechniken für sich. Delores befürchtete aber, dass die Kunst des Korbflechtens aussterben könnte. Also besuchte sie die Ältesten aus verschiedenen Gemeinden und fragte, ob sie ihren Webstil erlernen könne, um das Wissen dann mit anderen Kunsthandwerkenden zu teilen. Die Ältesten waren einverstanden.

Die Champagne und Aishihik, die Nachfahren von Kwäday Dän Ts'inchi, zeigen nicht jedem diesen Hut – so zollen sie dem vor langer Zeit verstorbenen jungen Mann Respekt. Delores erlaubten sie dennoch, den Hut zu betrachten. Sie wusste, wonach sie suchen musste: Wenn die Webrichtung gegen den Uhrzeigersinn verlief, stammte der Hut von den Haida. War er im Uhrzeigersinn gewebt worden, deutete das auf eine Tlingit-Weberin hin. Delores untersuchte den Hut gründlich und erkannte sowohl die Webart der Haida als auch die der Tlingit. Diese beiden Nationen mussten ihr Wissen ausgetauscht haben.

Teile des Hutes waren ausgefranst. Bedeutete das, dass der Hut älter als der junge Mann war? Hatte seine Großmutter ihr für ihn gemacht? Hatte sein Vater ihn schon getragen? Oder zerfiel die Handarbeit der Künstlerin durch Regen und Sonne?

Delores Churchill nahm an einer DNA-Studie teil, die zeigte, dass sie und der junge Mann aus dem Gletschereis einen gemeinsamen direkten Vorfahren hatten. Das war beeindruckend, aber sie wusste bereits um diese Verbindung, denn diese Geschichte war in den Hut eingewoben.

Der Wissenshüter

Der Wissenhüter KWAXSISTALLA (aka ADAM DICK)
Kawadillikall-Clan des Dzwawtainuk Tribe von der Kwakwaka'wak First Nation, 1929–2019

Kwaxsistallas Volk stammt von der Nordwestküste. Auch die Kinder seines indigenen Volkes wurden zu seiner Zeit in ein Umerziehungsheim („Indian Residential School") geschickt, wo ihnen verboten wurde, die eigene Sprache zu sprechen, ihre persönliche Kleidung zu tragen und ihre Traditionen zu leben.

Die Ältesten befürchteten, dass ihre Lebensweise verloren gehen würde. Sie beschlossen, dass jemand das Wissen des Volkes bewahren musste. Ihre Wahl fiel auf Kwaxsistalla. Zwei Chiefs brachten Kwaxsistalla, als er noch ein Kind war, in einem Kanu flussaufwärts und versteckten ihn vor den Regierungsvertretern.

Die Ältesten lehrten ihn mindestens fünfhundert Lieder über die Geschichte seines Volkes und die spirituelle Verbindungen. Sie unterrichteten ihn darin, wie Nahrungsmittel gesammelt werden. Er erfuhr von Wurzelgärten und davon, wie die Wurzeln von Klee, Fingerkraut, Reis und Lupinen ausgegraben werden müssen. Er erfuhr, dass die Hauptwurzel wieder in die Erde gesetzt werden muss, damit sie erneut wachsen kann. Er lernte, wie man die Steine am Strand zusammenrollt, um einen Muschelgarten zu bauen. Der Potlatch ist an der Nordwestküste eine wichtige Zeremonie und ein großes Fest, bei dem Geschenke ausgetauscht werden. Das Fest wurde 1885 von der kanadischen Regierung verboten. Als das Verbot 1951 aufgehoben wurde, war es Kwaxsistalla, der allen die traditionelle Vorgehensweise wieder beibringen konnte.

Kwaxsistalla war ein weltweit anerkannter und geehrter Wissenshüter seines Volkes und Lehrer für nachfolgende Generationen, die das indigene Wissen am Leben halten werden.

KAPITEL 8

DER RUF DES HIMMELSWOLFS

Vor Tausenden von Jahren besuchten erstmals ein paar freundliche Wölfe unser Camp und begleiteten uns auf der Jagd. Sie begannen, uns zu vertrauen. Später lebten manche mit uns und wurden zu unseren Freunden. Kein Wunder also, dass viele Geschichten über sie erzählt werden. Meine Piikani-Vorfahren erzählten Geschichten über Makoyi, den Chief der Wölfe, einen Freund und Beschützer der Menschen. Er und die Himmelswölfe lehrten uns zu jagen und zu singen und bis heute begleiten die Menschen, wenn das Trommeln beginnt, ihren Tanz mit Wolfsrufen. Da Wölfe keine Einzelgänger sind, erinnern sie uns unaufhörlich daran, wie wichtig es ist, in Harmonie zusammenzuleben.

Die Geschichte von den Himmelswölfen verbindet den Himmel mit der Erde, die Menschen mit den Tieren, das Praktische mit dem Spirituellen. Die Herausforderungen des Klimawandels, die Pandemien und Kriege wirken sich auf alle aus. Nur wenn wir alle zusammenarbeiten, können Lösungen gefunden werden.

Indigenes Wissen beruht auf der Erkenntnis, dass die Erde ein Geschenk ist. Die Himmelswölfe hatten Mitleid mit uns und gaben uns besondere Geschenke, die wir bewahren sollten. Um diese Geschenke nie zu vergessen, müssen wir sie stets in Ehren halten! Wir werden gelehrt, auf unsere Gewässer zu achten, das Feuer umsichtig zu nutzen, Nahrungsmittel so anzubauen, dass sie sowohl uns als auch die kommenden Generationen ernähren, sinnvoll zu bauen und uns selbst, unsere Gemeinschaften und unsere Welt in Harmonie zu halten.

Zu guter Letzt werden wir daran erinnert, uns zu bedanken. Wir bedanken uns für die Gaben der Himmelswölfe – und für die Gaben der Drei Schwestern, der Bisons, der Biber und aller anderen Tieren, mit denen wir unsere Welt teilen. Wenn wir singen und tanzen und feiern, werden wir an unsere Pflicht, etwas zurückzugeben, erinnert. Indigenes Wissen ist nicht nur für Indigene. Dieses Wissen kann der ganzen Welt helfen. Kannst Du Dir vorstellen, wie diese Welt für alle Lebewesen aussehen könnte, wenn alle dieses Wissen hätten? Wie würden wir dann mit der Erde und den Pflanzen, den Tieren und dem Wasser und miteinander umgehen? Dieses Wissen hat den indigenen Menschen seit Beginn der Zeiten gut gedient. Es kann uns helfen, unseren Weg in die Zukunft zu finden.

Eine Piikani *Fancy-Shawl*-Tänzerin führt einen traditionellen Tanz durch. Sie tanzt in der Prärie beim Weltkulturerbe *Head-Smashed-In-Buffalo-Jump* in Fort Macleod, Alberta, Kanada

Ein Überblick in Zahlen

Es ist nicht möglich, genau zu sagen, wie viele **Menschen** vor 1492, also bevor die Europäer kamen, in Nordamerika lebten. Die Schätzungen schwanken zwischen 3,8 und 18 Millionen für die heutigen USA und 200.000 bis 2 Millionen für das heutige Kanada. Im Laufe der **Kolonialisierung** ist die indigene Bevölkerungszahl durch Kriege und Krankheiten bis etwa Anfang des 20. Jahrhunderts auf etwa 237.000 in den heutigen USA und etwa 125.000 im heutigen Kanada gesunken. Gegenwärtig leben rund 5,2 Millionen Indigene in den USA und Alaska, das sind etwa 2 % der Gesamtbevölkerung. In Kanada leben heute etwa 1,8 Millionen indigene Menschen (etwa 5 % der Gesamtbevölkerung).

Ähnlich schwierig verhält es sich mit der Frage, wie viele Nations es gibt. Offiziell werden in den heutigen USA rund 375 **Tribal Nations** anerkannt. In Kanada sind es etwa 630 anerkannte **First Nations**, zu denen die **Inuit** und die **Métis** noch hinzukommen. Aber sowohl Inuit als auch Métis unterteilen sich selbst in eigenständige, dennoch verbündete Gruppen und die Regierungen der USA erkennt nicht alle Tribal Nations offiziell an.

Die Angaben zur Anzahl der indigenen Sprachen in Nordamerika vor 1492 schwanken zwischen 300 und 500. Manche Quellen sprechen aber auch von bis zu 1500 – je nachdem, wo die Grenze zwischen Dialekt und Sprache gezogen wird, was auch heute noch für Abweichungen in den verschiedenen Statistiken führt. Aktuell gibt es ungefähr 80 lebendige indigene Sprachen in Kanada, davon sind nur sechs nicht bedroht. Von den rund 200 indigenen Sprachen in den USA gelten nur vier als stabil. Alle anderen haben nur sehr geringe Chancen, das Jahr 2050 zu erleben.

Glossar

ÄLTESTE/ÄLTESTER (ELDER): Älteste oder Ältester zu werden ist keine Frage des Alters, sondern der persönlichen Fähigkeiten. Generell wird das auf ihrer Lebenserfahrung basierende Wissen der Ältesten hoch geachtet und sie waren bei jeder Entscheidungsfindung gefragt. In vielen Nationen hatten die Clan-Mütter, heute oft auch Matriarchinnen genannt, von alters her das letzte Wort in der Entscheidungsfindung. Wegen der **Kolonialisierung** ist diese Aufgabe eine Zeit lang etwas in den Hintergrund geraten; inzwischen treten die Matriarchinnen wieder sichtbarer auf.

AMMONITEN: Versteinerte Kopffüßer, die gerne zu Schmuck verarbeitet wurden und werden

AQUAKULTUR: Die kontrollierte Zucht von Fisch, Muscheln und Wasserpflanzen in natürlichen Gewässern.

ASTRONOMIE: Wissenschaft, die sich mit dem All, den Sternen, Planeten, Monden und anderen Himmelskörpern beschäftigt

BAND: Eine Band ist eine kleine, selbstverwaltete Gruppe, die auf familiären Verbindungen beruht. In Kanada hat eine Band eine rechtliche Bedeutung als politische Einheit, die ein **Reservat** bewohnt. Heute nennen sich viele Bands **First Nations**.

BÄUME: Bäume haben vielfach eine große Bedeutung: Im indigenen Handwerk werden sie als Baumaterial für Häuser, Boote und viele weitere Gegenstände des täglichen Gebrauchs verwendet. Ihre Blätter, Blüten und Rinden geben den Menschen Tees, Medizin und andere Nährstoffe. Und sie werden als den Menschen gleichberechtigte Lebewesen angesehen. In diesem Buch werden folgende Bäume speziell erwähnt: Eiche (oak), Kanadische Eibe (Canadian yew), nordamerikanischer Walnussbaum (hickory), Schierlingskiefer (hemlock), Weymouthskiefern (white pine), Zitterpappel oder Espe (aspen), Zuckerahorn (sugar maple).

BISONS/BÜFFEL (BUFFALO): Bisons und Büffel gehören beide zu den Rindern, sie unterscheiden sich aber sehr in Aussehen und Lebensweise voneinander. Bisons sind größer, haben kleinere Hörner und lieben große, weite Graslandschaften. Büffel sind kleiner und schlanker, haben größere Hörner und fühlen sich auch in engeren Gebieten wohl. Da die großen, zotteligen Tiere, die in Nordamerika leben, im Englischen sowohl „buffalo" als auch „bison" genannt werden, kommt es im Deutschen oft zu einer Verwechselung. Das nordamerikanische Bison ist eng mit dem europäischen Wisent verwandt. Büffel haben kein zotteliges Fell und sind vor allem in Afrika und Asien heimisch.

BISONSPRÜNGE (BUFFALO JUMPS): In den flachen Graslandschaften der Prärien gibt es Schluchten, die von Weitem kaum erkennbar sind. Die Klippen wurden von den Indigenen für die Bisonjagd genutzt: Eine Herde wurde aufgeschreckt, damit die Tiere losrannten. Dann wurde ein Teil der Herde z. B.

durch zaunähnliche Strukturen abgezweigt und auf die Klippe zugetrieben. Die Bisons, die den Sturz überlebten, wurden mit Pfeil und Bogen oder Speer getötet. Nach einer Dankeszeremonie wurden sämtliche Teile der Bisons weiterverarbeitet.

BOOTE: Boote waren früher eines der wichtigsten Transportmittel, denn über den ganzen nordamerikanischen Kontinent hinweg, vor allem im Norden, gibt es weit verzweigte Flusssysteme. Auch an den Küsten waren Boote ein wichtiger Teil des alltäglichen Lebens. Es gibt die viele verschiedene Ausfertigungen und die Art, wie ein Boot gebaut wird, deutet auch immer auf die Herkunft der Erbauer hin. Die vielfältigen Bauweisen werden in drei Bootstypen unterteilt: Ein Einbaum wird aus einem einzelnen Baumstamm hergestellt, der ausgehöhlt wird, um Platz zum Sitzen und zum Transportieren von Gütern zu schaffen. Ein Kanu besteht aus einem Stützgerüst, an dem die Bootswände befestigt werden. Diese können aus Tierhäuten oder aus Baumrinde bestehen. Kanus haben ein große Öffnung an der Oberseite und unterscheiden sich sehr in Größe und Bauart. Ein Kajak besteht ebenfalls aus einem Gerüst, das mit Tierhaut bespannt wird, ist allerdings auf der Oberseite größtenteils geschlossen.

CHIEF/ANFÜHRER (CHIEF/LEADER):
Was wir hier in Deutschland mit dem bislang gängigen Begriff „Häuptling“ verbinden, stimmt nur zum Teil damit überein, was einen oder eine „Chief“ wirklich ausmacht. Ein oder eine Chief kümmert sich um alle Leute der Gruppe mit der gleichen Aufmerksamkeit und sorgt dafür, dass Entscheidungen, die alle betreffen, im Einklang getroffen werden. Chiefs sind für ihre Großzügigkeit und Umsicht bekannt. Verlieren sie diese Eigenschaften, verlieren sie auch ihre Rolle als Chief. Für spezielle Aufgaben wurden und werden auch weiterhin einzelne Anführerinnen oder Anführer (Leader) ausgewählt, die sich aufgrund ihrer persönlichen Fähigkeiten am besten dafür eignen, eine Gruppe in einer bestimmten Angelegenheit zu leiten. Nach dem Ende dieser Aufgabe geben sie auch ihre leitende Rolle wieder ab.

DOPPELBALL (DOUBLE BALL):
siehe **Spiele**

EINBAUM: siehe **Boote**

ETUAPMUMK: Etuapmumk bedeutet in der Mi'kmaq-Sprache „mit zwei Augen sehen“. Das eine Auge sieht mit den Stärken des indigenen Wissens, das andere sieht mit einer wissenschaftlichen Weltanschauung. Etuapmumk bedeutet zu lernen, beide Augen zum Wohle aller zu benutzen.

FENTANYL: Fentanyl ist ein starkes schmerzlinderndes Medikament, das sehr schnell süchtig macht. Es ist billiger als z. B. Heroin und der Missbrauch noch viel gefährlicher. Viele Menschen sterben daran. In den USA und in Kanada hat die Verbreitung der Droge in den letzten Jahren extrem zugenommen.

FIRST NATIONS: Heute offiziell anerkannte Selbstbezeichnung der „Indianer“ Kanadas. Zusammen mit den **Inuit** und den **Métis** bilden sie die „Aboriginal Peoples of Canada“, die indigenen Völker Kanadas.

FISCHWEHR: Ein Fischwehr ist eine niedrige Steinmauer oder ein Holzzaun, der quer durch einen Fluss oder Bach gebaut wird, um vor allem Lachse auf ihrer Wanderung flussaufwärts abzufangen.

Fischwehre werden an Flussabzweigungen oder an Flussmündungen zu Seen oder ins Meer gebaut.

GABE/GESCHENK (GIFT): Das englische Wort „gift" kann sowohl mit Gabe als auch mit Geschenk ins Deutsche übersetzt werden. Beide Wörter haben eine ähnliche Bedeutung, meinen aber nicht ganz dasselbe. Wir haben in unserer Übersetzung je nach Zusammenhang mal das eine, mal das andere benutzt.

GADUGI: Gadugi ist ein Grundsatz der Cherokee und bedeutet „gemeinsam für die Gemeinschaft arbeiten".

GEBET (PRAYER): siehe **Glaube/Spiritualität**

GEIST/VERSTAND (MIND): Das englische Wort „mind" kann im Deutschen mit Geist oder mit Verstand übersetzt werden. Diese beiden Wörter haben fast dieselbe Bedeutung, nur dass „Geist" die Seele betont und „Verstand" eher die Fähigkeit, Zusammenhänge zu verstehen. Wir haben in unserer Übersetzung je nach Zusammenhang mal das eine, mal das andere benutzt.

GLAUBE/SPIRITUALITÄT (BELIEFS/SPIRITUALITY): Alle indigenen Völker Nordamerikas teilen den Glauben an eine lebendige Umwelt, das heißt, dass alles, was sie umgibt, die Tiere, die Pflanzen, aber auch die Flüsse, die Berge, die Winde, das Feuer, genauso Lebewesen sind wie die Menschen. Alle Lebewesen sind miteinander verbunden und werden als Verwandte betrachtet, die dementsprechend mit Rücksicht und Anerkennung behandelt werden. Eine Weise, sich mit der nicht-menschlichen Umwelt auszutauschen, ist das **Gebet (prayer)**, welches laut oder leise, gemeinsam oder alleine gesprochen oder gesungen werden kann. Bei diesen Gebeten werden sogenannte **Opfergaben (offerings)** gemacht, eine Art Geschenk, das oft aus Pflanzen besteht, um den angesprochenen **Geistern (spirits)** für ihre Hilfe zu danken. Nach dem Glauben der indigenen Völker Nordamerikas umgibt uns die **Welt der Geister (spirit world)** wie eine unsichtbare, parallele Welt, die ständig mit unserer sichtbaren Welt im Austausch ist.

INDIAN REMOVAL ACT: Der Indian Removal Act, wörtlich übersetzt „Indianer-Entfernungs-Gesetz", meist mit „Gesetz zur Umsiedlung der Indianer" bezeichnet, wurde 1830 in den USA erlassen, um eine gesetzliche Grundlage für die Vertreibung der indigenen Menschen („Indianer") aus den Bundesstaaten östlich des Mississippi-Flusses zu schaffen. Das Gesetz wurde vor allem von den Bundesstaaten im Süden der USA, den Südstaaten, befürwortet, die das Land der sogenannten „fünf zivilisierten Nationen" (Cherokee, Choctaw, Chickasaw, Muskogee und Seminolen) für sich beanspruchten. Das Gesetz ermächtigte den Präsidenten, mit den fünf indigenen Nationen Verhandlungen zu beginnen, um sie zu überzeugen, ihr Land aufzugeben und in den Westen umzusiedeln. Ihnen wurden 1803 erworbene Gebiete in Louisiana angeboten, die (noch) nicht in Staaten oder Territorien organisiert waren. Dieses Gebiet wurde später „Indianer-Territorium" genannt und bildet heute einen Großteil des Staates Oklahoma. Zwischen den fünf indigenen Nationen und den Vereinigten Staaten wurden daraufhin verschiedene Verträge geschlossen, wobei die fünf indigenen Nationen stark unter Druck gesetzt wurden. Speziell die Vertreibung der Cherokee wurde unter dem Namen **„Trail of Tears" (Pfad der Tränen)** bekannt. Es war aber nur eine von vielen fürchterlichen Vertreibungen, die konsequent von den europäischen Siedlerregierungen organisiert und durchgeführt wurden, um an indigenes Land heranzukommen. Das ausgewählte Indian Territory („Indianergebiet") westlich des Mississippi wurde eigentlich den insgesamt 39 dorthin vertriebenen indigenen Nationen fest als das ihre zugesagt – bis auch dieses der Besiedlung durch die Europäer zum Opfer fiel und die dort lebenden Nationen in Reservationen gepfercht wurden. Dieses Gebiet befindet sich im heutigen Oklahoma, ein Name, der aus der Sprache der Choctaw stammt und „rotes Volk" (okla = Volk, humma = rot) bedeutet. Viele Orts- und vor allem Gebietsnamen in den heutigen USA und Kanada stammen von indigenen Wörtern und Bezeichnungen, eine Tatsache, die heute leider nur sehr wenigen europäischstämmigen Bewohnern Nordamerikas bewusst ist.

INDIAN RESIDENTIAL SCHOOLS: Umerziehungsheime für indigene Kinder in Kanada. Das älteste unter ihnen, die Mohawk Institute Residential School, wurde 1834 in der Provinz Ontario eröffnet. Zwischen 1876 und 1996 raubte die kanadische Regierung – unterstützt vor allem von römisch-katholischen Missionaren, Mönchen und Nonnen – indigene Kinder aus ihren Familien, um sie in speziellen Heimen nach westeuropäischen, christlichen Vorstellungen umzuerziehen. Dort mussten sie alles ablegen, was sie an ihre Eltern und Kultur erinnerte, durften ihre Sprache nicht sprechen, ihre Geschichten nicht erzählen, ihre Lieder nicht singen und ihre Tänze nicht tanzen. Alles, was ihre Eltern ihnen bis dahin beigebracht hatten, wurde als falsch und „teuflisch" bezeichnet. Der Tagesablauf war bis ins letzte Detail kontrolliert und jeder Regelverstoß wurde hart bestraft. Diese Schulen waren geschaffen worden, um die indigenen Kulturen auszurotten. In den USA gab es die gleichen Heime, dort hießen sie „Indian Boarding Schools"" Was dort geschah, wird heute als „kultureller Genozid" oder auch als „Ethnozid" bezeichnet, also das Vernichten der Kultur einer Gemeinschaft, ohne dass die Menschen getötet werden. Was die Kinder in diesen Heimen erlebt haben, hat in den indigenen Gesellschaften tiefe Narben hinterlassen, die bis in die Gegenwart wirken.

„INDIANER": Bis etwa 1500, also vor Ankunft der Europäer auf dem Kontinent, den sie dann Amerika nannten, hatten die dort bereits lebenden Menschen keine Sammelbezeichnung für sich selbst. Das Wort „Indianer" (genauso wie das englische „Indian") wird heute von manchen als herabwürdigend empfunden, andere benutzen es nach wie vor. Fest steht, dass es wichtig ist, derlei Überbegriffe, die mit der **Kolonialisierung** verbunden sind, zu diskutieren und ihre unterschiedlichen Bedeutungen zu erkennen. Unser Bild von „den Indianern" ist durch unsere eigenen Vorstellungen geprägt und hat nur sehr wenig mit der gelebten Realität der indigenen Völker Nordamerikas zu tun. „Indigen" bedeutet im Deutschen „die dort seit Urzeiten leben", also die Ureinwohner. Das deutsche Wort „Ureinwohner" kann aber so verstanden werden, dass es sich um Menschen handelt, die nur in vergangenen Zeiten gelebt haben und in der Gegenwart keinen Platz haben. Daher wird heute oft von der „indigenen Bevölkerung" eines Landes gesprochen. Bei diesem Begriff ist aber kaum erkennbar, dass es sich dabei eigentlich um unabhängige **Nationen** handelt, die, vor der **Kolonialisierung**, ihre eigenen politischen Strukturen und Gesetze hatten. Dieser Aspekt ist wiederum im Begriff „indigene Völker" enthalten, der 1982 von der UNO als politischer Begriff geprägt wurde, nachdem sich Repräsentanten dieser Völker aus aller Welt in den 1970er Jahren immer mehr Gehör verschafften und lautstark darauf drangen, dass die Menschenrechte auch auf ihre Situationen angewendet werden. Dieser Kampf ist noch nicht zu Ende, genauso wenig wie die Diskussion der Bezeichnungen. Im Rahmen dieses Buches haben wir entschieden, von „indigenen Völkern" zu reden, wenn der rechtliche Aspekt im Vordergrund steht, und von „indigenen Menschen" oder „indigenen Gemeinschaften", wenn es vor allem um ihre Lebens- und Denkweisen geht.

INUIT/INUK: Die Inuit leben in den arktischen Teilen Grönlands und Kanadas. „Inuit" bedeutet in ihrer Sprache „Menschen" und bezieht sich auf die gesamte Gruppe. Das Wort „Inuk" bezieht sich auf einen einzelnen Menschen. Die indigenen Völker Alaskas leben zwar sehr ähnlich wie die Inuit, sprechen aber andere Sprachen und nennen sich selber daher nicht Inuit sondern Alaska Natives.

KARIBU: Das Karibu ist das nordamerikanische Rentier. Anders als zum Beispiel bei den Sámi in Skandinavien werden die Tiere in Kanada und Alaska nicht in Herden gehalten, sondern leben in freier Wildbahn. Der Name Karibu stammt von den ersten französischen Reisenden und geht auf das Wort „qalipu" aus der Sprache der Mi'kmaq zurück. Es bedeutet „das mit den Hufen den Schnee beiseite scharrt". In den Sprachen der indigenen Völker im Norden des Kontinents gibt es eine Vielzahl von Namen für die Karibus, je nachdem, wo und wie sie leben.

KIVA: Ein unterirdischer, meist runder Raum, der von den indigenen Völkern des Südwestens ausschließlich für spirituelle Zeremonien genutzt wird.

KLIMAWANDEL: Der Klimawandel bezieht sich auf die heutige Veränderung des weltweiten oder regionalen Klimas. Der erhöhte Kohlendioxidgehalt in der Erdatmosphäre, der vor allem durch die Nutzung von fossilen Brennstoffen wie Kohle, Erdöl und Erdgas erzeugt wird, führt zu einer von Menschen gemachten Erwärmung des Klimas. Weltweit sind vor allem indigene Völker von den Folgen des Klimawandels schwer betroffen, da sie die Konsequenzen als Erste erleben.

KOLONIALISMUS/KOLONIALISIERUNG: Der Begriff „Kolonialisierung" bezeichnet die aggressive Unterdrückung und Ausbeutung der ursprünglichen Bevölkerung in den von den Europäern besiedelten Gebieten. In der Zeit zwischen Ende des 15. Jahrhunderts und Mitte des 20. Jahrhunderts, auch als Zeitalter des Kolonialismus bezeichnet, erweiterten die europäischen Länder durch Kriege ihre Herrschaftsgebiete auf viele Länder in der ganzen Welt. Ziel war es, an wertvolle Güter (z.B. Gold und andere Rohstoffe) heranzukommen, und die eigene Macht und Reichtum zu vergrößern. Die europäischen Eroberer waren außerdem davon überzeugt, dass ihre Lebensweise, ihre Zivilisation, denen der Menschen in den anderen Ländern überlegen war. Sie beanspruchten für sich das gottgegebene Recht, alle anderen Völker in den sogenannten Kolonien, den übernommenen Gebieten, zu unterdrücken und auszubeuten. In vielen Gegenden ließen sich nur wenige Europäer nieder, um die Kolonien zu verwalten. Nach Nordamerika aber kamen immer mehr europäische Menschen, um dort das Land zu besiedeln. Sie gründeten 1776 die Vereinigten Staaten von Amerika und 1867 Kanada. Kanada blieb bis 1982 rechtlich noch eng an die ehemalige Kolonialmacht England gebunden. Heute sind die meisten der damals entstandenen Kolonien wieder unabhängig, aber die Folgen des Kolonialismus sind noch immer spürbar.

KRAFT/MACHT (POWER): Das englische Wort „power" kann im Deutschen mit Kraft oder mit Macht übersetzt werden. Die beiden deutschen Wörter haben unterschiedliche Bedeutungen: Kraft bezieht sich auf ein Lebewesen und Macht auf das Verhältnis zwischen zwei oder mehr Lebewesen. Wir haben in unserer Übersetzung die Begriffe je nach Zusammenhang benutzt.

KULTURBRÄNDE / KONTROLLIERTE BRÄNDE (CULTURAL BURNS): Kontrollierte Brände sind sorgfältig geplante Feuer, die zu Zeiten gelegt werden, in denen wenig Gefahr für die in dem Gebiet lebenden Menschen und Tiere besteht. Sie dienen dazu, Tannennadeln, totes Laub, Gräser, Zweige und umgestürzte Bäume zu beseitigen, damit dieses leicht brennbare Material in trockenen Zeiten nicht zu großen, unkontrollierbaren Bränden führt. Kulturelle Brände nutzen zudem dem Land, da die fruchtbare Asche neuen Pflanzen beim Wachstum hilft.

KULTURHELD / KULTURHELDIN (CULTURAL HERO): Geschichtliche Gestalten, die den Menschen das Leben lehren.

LACROSSE: siehe **Spiele**

MEDIZINBÜNDEL: Ein persönliches Bündel, das Gegenstände unterschiedlichster Art enthält, die der Person, zu der es gehört, spirituelle Kraft geben. Jedes Bündel ist individuell zusammengestellt, abhängig von der Person und dem Zweck, und der Inhalt ist privat und geheim. Ein Medizinbündel kann ein kleinen Säckchen sein, dass um den Hals getragen werden kann, bis hin zu größeren Bündeln, die z.B. auch eine zeremonielle Pfeife beschützen können.

MENSCHEN/LEUTE/VOLK/BEWOHNER (PEOPLE): Im nordamerikanisch-indigenen Verständnis umfasst der Begriff „people" verschiedene Dimensionen, die im Deutschen unterschieden werden. „Menschen" stehen im Gegensatz zu Tieren, Pflanzen und allen anderen Lebewesen auf der Welt. „Leute" bezieht sich auf eine Großfamilie oder auf eine Gruppe von untereinander verwandten Großfamilien (dieser Begriff bezieht auch die nicht-menschliche Umwelt ein). „Volk" bezeichnet eine Gruppe von Leuten, die eine gemeinsame Sprache und Zeremonien sowie dasselbe Territorium teilen. „Bewohner" schließt die Leute ein, die gemeinsam in einem kleineren Gebiet innerhalb eines Territoriums oder innerhalb eines **Reservates** oder einer **Reservation** leben.

MÉTIS: Ein besonderes Volk, das zu Zeiten der ersten Kontakte zwischen europäischen reisenden Pelzhändlern, den „Waldläufern", und indigenen Völkern in den nördlichen Prärien und angrenzenden Waldgebieten im heutigen Kanada entstand. So manche Waldläufer heirateten indigene Frauen und wurden in deren Familien und Gemeinden aufgenommen. Das Wort „Métis" stammt aus dem Französischen und bedeutet „Mischling". Die Métis wurden ebenfalls im Rahmen der Kolonialisierung unterdrückt und ihre Kinder in spezielle Erziehungsheime gesperrt. Heute ist die Nation der Métis offiziell von der kanadischen Regierung als indigenes Volk neben den First Nations und den Inuit anerkannt. Allerdings betrachten viele First Nations sie nicht als solches. Zu den traditionellen Sprachen der Métis gehören Michif und Cree.

NATION: Bezieht sich auf eine Gruppe von Menschen, die über eine gemeinsame Sprache und Geschichte miteinander verbunden sind, und sich mit einem bestimmten Gebiet identifizieren. Der heute in Kanada gängige Begriff „First Nations" („Erste Nationen") weist darauf hin, dass die indigenen Völker dort die ersten Völker waren und daher besondere Ansprüche auf die Gebiete haben, in denen sie leben. Als „First Nation" wird er sowohl für eine Gruppe von Menschen, die auf demselben Reservat leben benutzt als auch für den Verbund mehrerer Reservate. In den Vereinigten Staaten von Amerika bezeichnen sich diese Gruppen selbst als „Tribal Nations" (**„Stammesnationen"**). Beide Begriffe wurden auch so gewählt, um darauf hinzuweisen, dass die von alters her überlieferten Regierungsformen der indigenen Völker Nordamerikas sich zwar erheblich von den europäischen unterscheiden, sie ihnen aber ebenbürtig sind.

NETUKULIMK: Der Mi'kmaq-Begriff Netukulimk bedeutet: „Nimm nur, was du brauchst, und verschwende nichts".

NIE OFFIZIELL ABGETRETENES GEBIET (UNCEDED TERRITORY): Ein Gebiet, das nach nordamerikanisch-indigenem Landnutzungsrechtssystem nie abgetreten wurde: Während der **Kolonialisierung** wurden immer wieder Verträge zwischen den europäischen Siedlern und den indigenen Völkern, die das Land bereits lange vor Ankunft der Europäer bewohnten, geschlossen. Allerdings stießen hier zwei völlig unterschiedliche Begriffe von Landnutzungsrecht aufeinander. Nach europäischer Überzeugung hat nach dem Verkauf der vorherige Besitzer keinen Einfluss mehr auf das, was mit dem Land und allem, was sich darauf befindet, geschieht. Nach nordamerikanisch-indigenem Verständnis kann das Land selbst nicht verkauft werden, da es als Teil der Verwandtschaft gesehen wird. Die Verantwortung für die nachhaltige Bewirtschaftung eines bestimmten Gebietes und das dazugehörige Wissen werden seit Menschengedenken von einer Generation zur nächsten weitergegeben. Für eine gewisse Zeit können jedoch die Erträge, die ein bestimmtes Gebiet erzeugt, mit anderen Gruppen geteilt werden.
Zu Beginn der **Kolonialisierung** wurden zwischen den europäischen und den indigenen Völkern Nordamerikas verschiedenste Verträge bezüglich der Nutzung ihrer Gebiete abgeschlossen. Da aber immer mehr Europäerinnen und Europäer nach Nordamerika auswanderten und sie immer mehr Land brauchten, erklärten sie fast alle dieser Verträge einfach für ungültig, ohne mit den jeweiligen indigenen Völkern neu zu verhandeln. Die auf diese Weise von den Europäern unrechtmäßig besiedelten Gebiete werden als „nie offiziell abgetretene Gebiete" bezeichnet. Sie machen den Großteil der Flächen der heutigen USA und Kanadas aus. Manche indigene Völker Nordamerikas haben sogar bis heute nie einen Vertrag mit den europäischen Siedlern abgeschlossen.

OPFERGABE (OFFERING): siehe **Glaube/Spiritualität**

PFAD DER TRÄNEN (THE TRAIL OF TEARS): Im Jahr 1838 wurden in Folge des **Indian Removal Act** die Cherokee zusammengetrieben und von ihrem Land in Georgia vertrieben. Mitten im Winter wurden sie dazu gezwungen, den ganzen Weg nach Oklahoma, etwa 3200 Kilometer, zu laufen. Mindestens dreitausend Menschen starben. Diese Tragödie wird als „Pfad der Tränen" bezeichnet.

POWWOW: Zusammenkunft der nordamerikanisch-indigenen Gemeinden und Völker, um gemeinsam zu singen und zu tanzen. Heutige Powwows finden das ganze Jahr hindurch an verschiedenen Orten in ganz Nordamerika (einmal pro Jahr und Ort) statt und sind eine Kombination aus alten Traditionen und jüngerer bis gegenwärtiger Geschichte. Sie sind ein wichtiger Ausdruck des heutigen kulturellen Lebens und ein Symbol für gelebte nordamerikanisch-indigene Identität.

RESERVAT (KANADA)/RESERVATION (USA): Während der **Kolonialisierung** haben die Regierungen der USA und Kanadas den indigenen Völker immer mehr Land geraubt und sie in kleine, abgegrenzte, nur ihnen zugewiesene Gebiete gesperrt, sogenannte „Reservate" oder „Reservationen". Sowohl die Gebiete als auch die dort lebenden Gemeinden werden als „Reservat" oder „Reservation" bezeichnet. „Reservate" entstanden in Kanada mit dem Indian Act von 1876. In den USA wurden die „Reservationen" sogar schon ab 1758 eingeführt. Die Entstehungsgeschichten dieser Gebiete in Kanada und den USA sind sehr unterschiedlich. Ein paar Merkmale teilen aber alle diese Gebiete: Seit ihrer Entstehung bis ungefähr Ende der 1960er Jahre wurde alles, was in diesen Gebieten geschah, bis in das kleinste Detail von der jeweiligen Bundesregierung bestimmt. So durften zum Beispiel die indigenen Menschen, die dort lebten, das Gebiet nicht ohne offizielle Erlaubnis verlassen. Selbst um sich für Familienfeiern zu versammeln, brauchten sie eine Erlaubnis. In manchen Gegenden der USA, zum Beispiel in den Prärien, wurden diese Gebiete auch als „Kriegsgefangenenlager" bezeichnet. Die dort lebenden Menschen waren abhängig vom Wohlwollen des jeweiligen „Indianeragenten" („Indian Agent" in den USA, „Band Administrator" in Kanada), der über sämtliche Aspekte des alltäglichen Lebens bestimmte. Er entschied zum Beispiel über die Menge und Auswahl der Nahrungsmittel für die Familien. Dies führte dazu, dass die Menschen sich nicht mehr so ernähren konnten, wie sie es gewohnt waren, was zu vielen neuen Krankheiten führte. Das Verteilen der Nahrungsmittel wurde zu einem wichtigen Druckmittel, um die indigenen Menschen in Schach zu halten. Ab Mitte 1940er Jahre bis Mitte 1960er Jahre wollte die Regierung der USA die Reservate ganz auflösen, zum einem, um auch noch an diese Gebiete heranzukommen, zum anderen, um die indigenen Menschen zu zwingen, sich völlig an die amerikanische Gesellschaft anzupassen (termination policy). So begann sie, viele indigene Familien dafür zu bezahlen, dass sie ihre Heimat verließen und in die Städte umsiedelten. Aufgrund der oft katastrophalen Lebensbedingungen in den Reservaten nahmen viele Familien das Geld an und verließen ihre Gemeinden. In Kanada gab es eine ähnliche Politik, was dazu geführt hat, dass heute etwa die Hälfte der indigenen Bevölkerung Nordamerikas in den Städten lebt. Seit Ende der 1960 Jahre wurden diese Gesetze wegen des öffentlichen Drucks langsam, aber stetig gelockert und viele der Reservate und Reservationen sind mittlerweile unter Selbstverwaltung der dort lebenden indigenen Menschen. Dennoch bleiben sie zum Großteil finanziell von den Bundesregierungen abhängig, was unter anderem mit den früher geschlossenen Verträgen zusammenhängt. Aus heutiger Sicht können diese Gebiete auch als Schutzzonen betrachtet werden, in denen es möglich war, im Verborgenen viele alte Traditionen und indigenes Wissen aufrechtzuerhalten. Daher suchen viele derjenigen, deren Eltern oder Großeltern ihre Heimatgemeinden verlassen haben und in die Städte gezogen sind, wieder den engen Kontakt zu denjenigen, die geblieben sind, um im Kreise der Gemeinden und Großfamilien ihre alten Lebens- und Denkweisen neu zu lernen.

SACRED (GESEGNET/HEILIG): Die nordamerikanisch-indigene Bedeutung des Begriffs „sacred" ins Deutsche zu übertragen, ist nicht einfach. „Sacred" umfasst alles, was mit dem Umgang der Menschen mit der Welt der Geister zu tun hat und ihrer gegenseitigen respektvollen Verbindung. Diese unsichtbare Verbindung ist immer und überall gegenwärtig und weder mehr noch weniger wichtig als das materielle Leben – also das, was wir oft Realität nennen. Wir haben das Wort im Buch je nach Zusammenhang mit „gesegnet" oder „heilig" übersetzt, wobei wir heilig im Sinne von „etwas ist mir enorm wichtig" benutzen. Wichtig ist, dass sich im nordamerikanisch-indigenen Verständnis dieses Wort nicht auf Personen oder Gegenstände selbst bezieht, sondern auf ihre Bedeutung als ein lebendiges Wesen in einem bestimmten Zusammenhang, an einem bestimmten Ort und zu einer bestimmten Zeit. Deswegen kann ein Feuer zum Beispiel je nach Gegebenheit als „sacred" oder nicht gelten und muss dann dementsprechend umsorgt werden – oder auch nicht. Gleichzeitig hat Feuer immer eine spirituelle Kraft, egal in welchem Zusammenhang es gebraucht wird. Im Gegensatz zum christlichen Glauben, wo das Kirchliche und das Weltliche strikt voneinander getrennt sind, sind in der nordamerikanisch-indigenen Denkweise das Spirituelle und das Körperliche ständig miteinander verbunden.

SPIELE: Spiele spielten und spielen eine zentrale Rolle in allen indigenen Kulturen Nordamerikas. Manche Spiele helfen, den Körper zu trainieren, andere schärfen den Geist und die Beobachtungsgabe – Fertigkeiten, die für das Überleben in der Natur notwendig sind. Es gibt solche, die einzeln oder in Paaren, andere, die in Mannschaften gespielt werden. Alle Mannschaftsspiele werden in Mannschaften gespielt, die aus Frauen und Männern bestehen können. Die Vielfalt der traditionellen Spiele der indigenen Völker Nordamerikas ist immens, da jede Gegend ihre eigenen Varianten kennt. Viele Spiele wurden auch zur friedlichen Lösung von Konflikten genutzt, etwa Chunkey, Doppelball (Double Ball) und Lacrosse. Die Spielerinnen und Spieler brauchen eine gute Kondition und Einsatzbereitschaft. Es gab und gibt auch eine ganze Reihe von sogenannten „Ratespielen" (guessing games), bei denen es allerdings nicht ums Raten, sondern ums Beobachten geht. Während der **Kolonialzeit** wurden viele Spiele von den europäischen Siedlern verboten, weil sie sie nicht verstanden und für kindisch hielten. Seit den 1990er Jahren leben viele traditionelle Spiele als ein wichtiger Bestandteil gelebter nordamerikanisch-indigener Identität wieder auf.

STAUDAMM: Ein Staudamm ist eine Barriere, die gebaut wird, um Wasser aufzustauen. Dadurch erhöht sich der Wasserspiegel, das umliegende Land wird überspült, ein Stausee entsteht. Das Wasser im Stausee kann für viele Zwecke genutzt werden, etwa zur Stromerzeugung oder als Trinkwasservorrat. Allerdings verändern Stauseen auch langfristig das umliegende Ökosystem, da sie zum Beispiel die Wanderrouten der Karibus dauerhaft unterbrechen und völlig neue Lebensräume schaffen, an die sich die dortigen Tiere und Pflanzen erst einmal gewöhnen müssen – was für die meisten nicht einfach ist, große Anpassung verlangt und einige Zeit braucht.

TRIBE („STAMM") / TRIBAL NATIONS („STAMMESNATIONEN"): Der Begriff „Stamm" beschreibt eine Gemeinschaft von Gruppen, die durch Verwandtschaft, Politik und Sprache miteinander verbunden sind. In den USA ist der Begriff „tribe" ein Rechtsbegriff für eine politische Einheit, die mit einer Reservation (wie zum Beispiel der Tulalip Tribe) verbunden ist. Im Plural kann er auch den Zusammenschluss verschiedener Gruppen mit unterschiedlichen Sprachen, die ein größeres Gebiet gemeinsam bewirtschaften (wie zum Beispiel die Alaska Tribes) bedeuten. Als **„Tribal Nations"** („Stammesnationen") bezeichnen sich in den USA alle indigenen Völker die dort leben, egal ob sie offiziell von der Siedlerregierung anerkannt wurden oder nicht.

TEOSINTE: Auch „Urmais" genannt. Diese Pflanze kommt heute noch in Mexiko und Guatemala vor. Aus ihr wurden alle heute genutzten Maissorten gezüchtet, von denen allerdings nur wenige nach Europa gekommen sind. Zusammen mit Bohnen und Kürbissen bildet der Mais die Nahrungsgrundlage für viele indigene Völker im südlichen Teil Nordamerikas. Diese drei Pflanzen werden als „die drei Schwestern" bezeichnet, da sie sich ergänzen und unterstützen.

TRICKSTER: Eine Art Schelm, der in verschiedenen Gestalten (zum Beispiel als Rabe oder Kojote) in vielen Geschichten im ganzen indigenen Nordamerika vorkommt. Diese Geschichten sind nicht nur unterhaltsam, sondern auch gespickt mit Informationen über Land und Lebensweisen.

VERSAMMLUNG DER ERSTEN NATIONEN (ASSEMBLY OF FIRST NATIONS): 1982 gegründete oberste politische Organisation der **First Nations** in Kanada, die aus dem National Indian Council (gegründet 1961) entstand. Der oder die Vorsitzende ist aus indigener Sicht dem kanadischen Premierminister gleichgestellt.

WAHRHEITS- UND WIEDERGUTMACHUNGSKOMMISSION (TRUTH AND RECONCILIATION COMMISSION): Diese Kommission befasste sich zwischen 2007 und 2015 mit den Umerziehungsheimen für indigene Kinder in Kanada (**Indian Residential Schools**: 1843/1876–1996/1997). Ihren Familien entrissen wurden indigene Kinder massenweise in diesen Heimen ihrer Kultur beraubt und nach westeuropäischen Maßstäben umerzogen. 2015 wurden 94 „calls to action" („Aufrufe zum Handeln") formuliert, die den Kanadiern dabei helfen sollen, mit diesem lange verschwiegenen Teil der Landesgeschichte umzugehen. Ihre Umsetzung schreitet bis heute eher schleppend voran.

WELT DER GEISTER (SPIRIT WORLD): siehe **Glaube/Spiritualität**

ZEREMONIE: Eine feierliche, religiöse bzw. spirituelle Handlung innerhalb einer Gemeinschaft wie zum Beispiel eine christliche Taufe oder eine Hochzeit. Im nordamerikanisch-indigenen Jahreszyklus gibt es viele unterschiedliche Zeremonien: Manche, wie die „Erster-Lachs-Zeremonien", begrüßen die Rückkehr der ersten Tiere, die zur Ernährung beitragen, andere, wie die „Wasserzeremonien" oder die „Feuertänze", ehren die Naturelemente, die unser Leben bestimmen.

Wenn Du noch mehr wissen möchtest

Heutzutage hat fast jede indigene Nation in Nordamerika ihre eigene Webseite, auf der sich geschichtliche und gegenwärtige Informationen zu der jeweiligen Nation finden. Die *„Liste nordamerikanischer Indianerstämme"* auf Wikipedia ist nach Kulturarealen organisiert und gibt einen guten ersten Überblick über die verschiedenen indigenen Nationen und ihre Namen (Fremd- sowie Eigenbezeichnungen).

Für einen ersten Überblick über die kanadische Kolonialgeschichte aus indigener Perspektive ist die Webseite der *Indigenous Foundations* (indigenousfoundations.arts.ubc.ca) hilfreich. Informationen über die indigene Geschichte der USA stellt die Webseite der Organisation *The Indigenous Foundation* zur Verfügung (theindigenousfoundation.org).

Sowohl in Kanada als auch in den Vereinigten Staaten von Amerika gibt es seit vielen Jahren sogenannte indigene Dachorganisationen, deren Webseiten viel Informationen zur heutigen Situation der indigenen Nationen und Hintergrundwissen bieten.

Für Kanada:
Assembly of First Nations
afn.ca

Für die USA:
National Congress of the American Indian
ncai.org

International Indian Treaty Council
iitc.org

Zum Thema Umerziehung indigener Kinder:
National Native American Boarding School Healing Coalition (USA): boardingschoolhealing.org/education/us-indian-boarding-school-history

National Centre for Truth and Reconciliation (Kanada):
nctr.ca/education/teaching-resources/residential-school-history

Über die Webseiten zu den verschiedenen nordamerikanisch-indigenen politischen Bewegungen stehen weitere Informationen zur Verfügung, etwa vom *American Indian Movement* (AIM, USA) oder *Idle No More* (Kanada).

Diese Webseiten sind in englischer Sprache.

Bildnachweis

Cover: © All Canada Photos, John E Marriott; S. 1: © All Canada Photos, Robert Potsma; S. 2/3: © Kartenentwurf basierend auf „Kulturareale in Nordamerika" nach Alfred Kroeber, Umsetzung: Igor Dolinger; S. 4: © Unsplash, Jonathan Larson; S. 5: © All Canada Photos, Chris Cheadle; S. 6/7: © Kartenentwurf Dr. Nina Reuther, Umsetzung: Igor Dolinger: S. 8: © Photo by Diana Chan. Courtesy of Bella Bella Community School; S. 9: (o.) © Frye Art Museum, Seattle, Founding Collection, Gift of Charles and Emma Frye, 1952.135; (u.) © Shutterstock, Patrick Tomek; S. 10: © Citizen Potawatomi Nation S. 11: © Menominee Tribal Enterprises, Nels Huse; S. 12: (o.) © National Park Service; (u.) © All Canada Photos, Panther Media GmbH / Alamy; S. 13: (li.) © Wikimedia, Brooklyn Museum of Arts; (re.) © Winnipeg Free Press; S. 14: (o.) © Courtesy of Unama'ki Institute of Natural Resources; (u.) © All Canada Photos, ArcticPhoto; S. 15: © All Canada Photos, Danita Delimont / Alamy; S. 16/17: © All Canada Photos, Eye Ubiquitous / Alamy; S. 18: © iStock, chinaface; S. 19: © Unsplash, Jeffrey Workman; S. 20/21: © Kartenentwurf: Dr. Nina Reuther, Umsetzung: Igor Dolinger; S. 22: © Alamy Stock Foto, agefotostock / Dennis MacDonald; S. 23: © Shutterstock, Christian Musat; S. 24: © Illustration by Robert B. Ciaccio, Desert Archaeology, Inc.; S. 25: (o.) © Alamy Stock Foto, Cayman; (u.) © Courtesy of the Nova Scotia Museum; S. 26: (o.) © iStock, Craig Cooper; S. 27: © Wikimedia, Wheateater; S. 28: © Alamy Stock Foto, Buddy Mays; S. 29: © CP Images, Globe and Mail; S. 30: (o.)© Seneca Nation; (u.) © Shutterstock, woodsnorthphoto; S. 31: (o.) © iStock, Toa55; S. 32: © iStock, Jacob Boomsma; S. 33: © Courtesy of Stephanie Peltier; (S. 34: © Unsplash, Robert Ritchie; S. 35: © Shutterstock, Nature's Charm; S. 36/37: © Kartenentwurf: Dr. Nina Reuther, Umsetzung: Igor Dolinger; S. 38: © Alamy Stock Foto, Anders Ryman; S. 41: (o.) © Shutterstock, Amelia Martin; (2. v. o.) © Stan Shebs, Wikimedia; (2. v. u.) © Shutterstock, Food Impressions; (u.) © Shutterstock, Oleg Shakirov; S. 42 o.: Shutterstock, xhico; u.: © Alamy Stock Foto, Gerry Rousseau; S. 43: © Shutterstock, Wandering views; (u.) © Toronto Catholic District School Board; S. 44: (o.) © UBC Museum of Anthropology: Kyla Bailey; (u.): © Shutterstock, Food Impressions; S. 45: iStock, dimamorgan12; S. 46: © All Canada Photos: ArcticPhoto; S. 47: © Courtesy of Amy Christianson; S. 48: © Courtesy of Yukon First Nations Wildfire; S. 49 © Courtesy of Yukon First Nations Wildfire; S. 50: © Kiliii Yüyan, Photographer; S. 51: (o.) © Fort Apache Agency; (mi.) © David Hocs; (u.) © U.S. Fish and Wildlife Service: Ryan Hagerty; S. 52: © Unsplash, Landon Parenteau; S. 53: © Alamy Stock Foto, Nature Picture Library; S. 54/55: © Kartenentwurf: Dr. Nina Reuther, Umsetzung: Igor Dolinger; S. 57: © Getty Images, Werner Forman/Kontributor; S. 58: © *Untitled (Buffalo Spirit)* by Garnet Tobacco, Image Courtesy of Coastal Peoples Fine Arts Gallery; S. 59 (o.) © NPS / Jacob W. Frank; S. 60: © Mikhail J. Crispin, Sts'ailes Band; S. 61: © (o.) Farid Rahemtulla; (u.) © Shutterstock, Beat J Korner; S. 62: © Fort Folly Habitat Recovery; S. 63: © Wikimedia, Walter Siegmund; S. 64: © All Canada Photos, Boomer Jerritt; S. 65: © Shutterstock, Double Brain; S. 66: © *Sky Woman*, oil painting by Ernest Smith (Tonawanda Seneca, Heron Clan), 1936. Courtesy of the RMSC, N.Y.; S. 67: © Mikhail J. Crispin, Sts'ailes Band; S. 68: (li.) © Shutterstock, ravipat; (re.) © Shutterstock, Lena Wurm; S. 69: (li.) © Alamy Stock Foto, ZUMA Press Inc; (re.) © Alamy Stock Foto, Maggie Sully; S. 70: © Unsplash, Aaron Burden; S. 71: © @billphelpsstudio; S. 72: (o.) © Courtesy of Kyle Bobiwash; (u.) © Unsplash, Milada Vigerova; S. 73: © Lisa Hupp/USFWS; S. 74/75: © Kartenentwurf: Dr. Nina Reuther, Umsetzung: Igor Dolinger; S. 76: (o. re.) © Unsplash, Markus Winkler; (Hintergrund) © NPS/Macy Possenti; S. 77: © Shutterstock, Danita Delimont; S. 78: (li) © NPS/Stephen Shames; (re.) Alamy Stock Foto, Judy Waytiuk; S. 79: (o.) © Wingspan Media; (u.) © CP Images, Graham Hughes; S. 80 o.: © Alamy Stock Photo, Danita Delimont; (u.) © Art Institute Chicago; S. 81: (o.) © Courtesy of Dr. Lindsay Crowshoe; (u.) © Courtesy of Dr. Esther Tailfeathers; S. 82: © Alamy Stock Foto, Operation 2022; S. 83: (o.) © NASA, LANCE/EOSDIS Rapid Respons; (u.) © National Park Service; S. 84: © Wikimedia, Paul Gierszewski; S. 85: (li.) Shutterstock, nature photos; (re.) Wikipedia, Public Domain; S. 86: © Unsplash, Bart van Meele; S. 87: © Unsplash, Vincent Guth; S. 88/89: Kartenentwurf: Dr. Nina Reuther, Umsetzung: Igor Dolinger; S. 90: © *Ancestors* by Brit Ellis/Blu Hummingbird, Courtesy of the artist; S. 91: © Bray Falls/NASA; S. 93: © Unsplash, Saman Ziyaie; S. 94: © *Raven Mask* by Marcus Alfred Kwakwaka'wakw 'Namgis Nation, Image Courtesy Coastal Peoples Fine Arts Gallery; S. 95: © All Canada Photos, Stocktreck Images Inc./Alamy; S. 96: © *Moon Cycle Birds* by Leah Dorion, Courtesy of the artist; S. 97: © Library of Congress: Edward S. Curtis Collection; S. 98: © iStock, JManjeot; S. 99: (o.) © Alamy Stock Foto, Paul McKinnon; (u.) © Alamy Stock Foto: Timothy Mulholland; S. 100-101: © Shutterstock, maleo113; S. 101: (o.) © NASA/Aubrey Gemignani; (u.) © NPS/Kait Thomas; S. 102: (o.) © Courtesy of Corey Gray; (u.) © Caltech/MIT/LIGO Lab; S. 103: (o.) Shutterstock, Dima Zel; (u.) © Courtesy of Rob Cardinal; S. 104: © Unsplash, Fabian Oelkers; S. 105: © Jeff Bassett; S. 106/107: Kartenentwurf: Dr. Nina Reuther, Umsetzung: Igor Dolinger; S. 108: (Hintergrund) © Unsplash, Paul Vazquez; (o.) © Alamy Stock Foto, Michael Wheatley; S. 109: © Shutterstock, karamysh; S. 110: (o.) © Bridgeman Images, Ashmolean Museum; (u.) Wikimedia, Bernard Gagnon; S. 111: © All Canada Photos, Witold Skrypczak/Alamy; S. 112: © *Door to Astral Heaven* by Norval Morrisseau, Permission by The Norval Morrisseau Estate; S. 113: (o.) Library of Congress Prints and Photographs Division; (u.) Wikimedia, Cherokee Pheonix;; S. 115: (o.) © Ntawnis Piapot/ CBC Licensing; (u.) © Flickr, Tommy Lee Kreger; S. 116: © Wikimedia, Tobias Klenze; S. 117: © First Peoples Fund; S. 118 (o.) © EcoTrust; (u.) Unsplash, Laura Lefurgey-Smith; S. 119, 120: © All Canada Photos, Don Johnston; S. 121: © All Canada Photos, John E Marriott

*Falls es uns trotz intensiver Bemühungen nicht gelungen sein sollte, in allen Fällen die Bildrechte zu klären, bitten wir die Rechteinhaber*innen, sich mit uns in Verbindung zu setzen.*

Dank

UNSER HERZLICHER DANK:

Wir bedanken uns herzlich bei **Api'soomaaka** (William Singer III) für Deine gründliche Lektüre des Textes und Deine Kommentare.

Und auch bei **Rivka Cranley**, **Chandra Wohleber**, **Lisa Frenette**, **Tania Craan** und **Mary Rose MacLachlan**: Eure Unterstützung und Mitarbeit waren unschätzbar wertvoll.

Und, wie immer, geht unser Dank auch an **Bill Harnum**: Deine Unterstützung und Deine Ermutigungen bedeuten alles.

UNSER DANK GILT ZUDEM ALLEN, DIE IHRE ZEIT ZUR VERFÜGUNG GESTELLT UND IHR WISSEN GROSSHERZIG GETEILT HABEN:

Dr. Kyle Bobiwash (Entomologe/Insektenkundler), Anishinaabe Nation
Amy Cardinal Christianson (wissenschaftliche Feuerforschung) Métis Nation in Alberta
Rob Cardinal (Planetenforscher), Siksika Nation, Blackfoot
Dr. Lindsay Crowshoe (Medizinmann), Piikani
Craig Falcon (Schwitzhüttenwissenshüter), Blackfoot
Corey Gray (Astrophysiker/Sternenforscher), Siksika Nation, Blackfoot
Roger Lewis (Kurator des Mi'kmaq Cultural Heritage im Nova Scotia Museum), Mi'kmaw, Sipekne'katik, Shubenacadie
Clayton Shirt (Traditioneller Heiler), Saddle Lake Cree, Treaty 6, Potawatomi
Dr. Esther Tailfeathers (Medizinfrau), Kainai
Sharon Yellowfly (Übersetzerin), Siksika Nation, Blackfoot

DIE AUTOR*INNEN

Prof. Dr. Eldon Yellowhorn ist Mitglied der Piikani Nation und wuchs in einer Reservation in Alberta, Kanada, auf. Er studierte Archäologie und Anthropologie, schrieb mehrere Bücher und lehrt heute Indigenous Studies an der Simon-Fraser-Universität. Zu seinen wichtigsten Projekten gehört der Erhalt der Sprache der Blackfoot. Eldon Yellowhorn lebt in Vancouver. Zusammen mit der preisgekrönten kanadischen Autorin **Kathy Lowinger** hat er bereits mehrere Bücher geschrieben.

WISSENSCHAFTLICHE BERATUNG

Sabine N. Meyer ist Professorin für Amerikanistik und Co-Direktorin des Nordamerikastudienprogramms an der Universität Bonn. Sie forscht unter anderem zum Verhältnis von indigener Literatur und Recht/Politik in den USA beginnend im 19. Jahrhundert und zur Eigen- und Fremddarstellung von Indigenen in der indigenen, amerikanischen und europäischen Literatur und Populärkultur.

ÜBERSETZUNG, WISSENSCHAFTLICHE BEGLEITUNG UND BERATUNG:

Dr. Nina Reuther ist fünfsprachig aufgewachsen und arbeitet als unabhängige Wissenschaftlerin (Musikethnologie, Rechtsanthropologie, Kulturenwissenschaften) und freischaffende Kulturvermittlerin für Kinder, Jugendliche und Erwachsene. Zudem ist sie als Dolmetscherin für amerikanisch-indigene Delegierte in Westeuropa und als Übersetzerin tätig. In ihren Forschungen beschäftigt sie sich mit amerikanisch-indigenen und westeuropäischen Denk- und Lebensweisen im Vergleich. Seit Jahrzehnten pflegt sie enge Beziehungen mit der Camille Familie der Secwépemc Nation (British Columbia/Kanada) und verbringt regelmäßig Zeit in ihrem *unceded territory* Secwepemcúl'ecw.

Übersetzung, wissenschaftliche Begleitung und Beratung: Dr. Nina Reuther
Lektorat: Cordula Thörner
Landkarten: Igor Dolinger
Gesamtgestaltung und Satz: Gunta Lauck
Produktionsmanagement: Anja Bergmann
ISBN: 978-3-551-25518-1

Wir produzieren nachhaltig
- Klimaneutrales Produkt
- Papiere aus nachhaltigen und kontrollierten Quellen
- Hergestellt in Europa

FSC www.fsc.org MIX Papier | Fördert gute Waldnutzung FSC® C018236

ARKTIS
SUBARKTIS
NORDWESTKÜSTE
PLATEAU
Heutige Grenze zwischen Kanada (nördlich) und den USA (südlich)
NORDOSTEN
GROSSES BECKEN
PRÄRIE UND PLAINS
KALIFORNIEN
SÜDOSTEN
SÜDWESTEN
KARIBIK
MESOAMERIKA
Vorlage: Kulturareale in Nordamerika nach Alfred Kroeber